信息处理技术员考试 32 小时通关

主　编　薛大龙

副主编　姜洋澳　吴芳茜

中国水利水电出版社
www.waterpub.com.cn
·北京·

内 容 提 要

信息处理技术员考试是全国计算机技术与软件专业技术资格（水平）考试中的初级资格考试，通过信息处理技术员考试可获得助理工程师职称。

本书根据机考改革后试题的形式与特点，在全面分析知识点的基础之上，对整个内容架构进行了科学重构，可以极大地提高考生的学习效率。尤其是针对单选题、实操题的核心考点，分别从理论与实践方面进行了重点梳理。通过学习本书，考生可掌握考试的重点，熟悉试题形式及解答问题的方法和技巧等。

本书可供备考信息处理技术员考试的考生学习参考，也可供各类培训班使用。

图书在版编目（CIP）数据

信息处理技术员考试32小时通关 / 薛大龙主编. --北京：中国水利水电出版社，2023.12
 ISBN 978-7-5226-1972-9

Ⅰ. ①信… Ⅱ. ①薛… Ⅲ. ①信息处理－资格考试－自学参考资料 Ⅳ. ①G202

中国国家版本馆CIP数据核字(2023)第223513号

策划编辑：周春元　　　责任编辑：王开云　　　封面设计：李　佳

书　名	信息处理技术员考试 32 小时通关 XINXI CHULI JISHUYUAN KAOSHI 32 XIAOSHI TONGGUAN
作　者	主　编　薛大龙 副主编　姜洋澳　吴芳茜
出版发行	中国水利水电出版社 （北京市海淀区玉渊潭南路 1 号 D 座　100038） 网址：www.waterpub.com.cn E-mail: mchannel@263.net（答疑） 　　　　sales@mwr.gov.cn 电话：（010）68545888（营销中心）、82562819（组稿）
经　售	北京科水图书销售有限公司 电话：（010）68545874、63202643 全国各地新华书店和相关出版物销售网点
排　版	北京万水电子信息有限公司
印　刷	三河市鑫金马印装有限公司
规　格	184mm×240mm　16 开本　10.5 印张　248 千字
版　次	2023 年 12 月第 1 版　2023 年 12 月第 1 次印刷
印　数	0001—3000 册
定　价	48.00 元

凡购买我社图书，如有缺页、倒页、脱页的，本社营销中心负责调换

版权所有·侵权必究

前　言

为什么选择本书

全国计算机技术与软件专业技术资格（水平）考试涉及的知识范围较广，而考生一般又多忙于工作，仅靠官方教程，考生在有限时间内很难领略及把握考试的重点和难点。

本书是针对信息处理技术员考试大纲编写的，在保证知识的系统性与完整性的基础上，更加注重易学性和考生学习的有效性。

本书在全面分析知识点的基础之上，对整个学习架构进行了科学重构，可以极大地提高考生学习的有效性。尤其是针对单选题、实操题的核心考点，分别从理论与实践方面进行了重点梳理。

通过学习本书，考生可掌握考试的重点，熟悉试题形式及解答问题的方法和技巧等。

本书作者不一般

本书由薛大龙担任主编，姜洋澳、吴芳茜担任副主编，全书由姜洋澳、吴芳茜统稿，薛大龙定稿。

薛大龙，全国计算机技术与软件专业技术资格（水平）考试辅导教材编委会主任，北京理工大学博士研究生，多所大学客座教授，财政部政府采购评审专家，北京市评标专家，软考课程面授及网校名师，其授课风格通俗易懂、深入浅出，善于把握考试重点、总结规律及理论结合实际，深受学员好评。

姜洋澳，政府奖学金获得者，区域大型网络首席架构师，具有20余年的信息化建设和解决方案设计经验，以及丰富的网络规划设计及网络工程项目实施等方面的经验，曾先后主导区域大型城域网、云数据中心和WLAN全覆盖工作，高级职称，政府记功奖励获得者。

吴芳茜，北京理工大学软件工程硕士，高级工程师，广东广播电视台现代教育频道软考特聘讲师，国家标准编制人，国家财政部政府采购项目评审专家，多部软考相关书籍副主编，多项职业资格证书持有人。十余年项目管理培训经验，曾与多家培训机构联合开展社会公开课及企业内训活动；拥有超过15年大型企业信息化项目建设及管理经验。

给读者的学习提示

信息处理技术员考试既考理论，又考实操，具有一定的难度，但是考过后，拿到证书的喜悦心情、获得职称的自豪感，会让自己感觉所有的努力都是值得的。

路虽远，行则将至；事虽难，做则必成。只要考生有愚公移山的恒心、滴水穿石的毅力，脚踏实地看书，认认真真学习，积跬步以至千里，积小流以成江海，就一定能够把目标变为美好现实，使自己真正成为践行中华民族伟大复兴的信息化人才。

致谢

感谢中国水利水电出版社有限公司的周春元编辑在本书的策划、选题的申报、写作大纲的确定以及编辑出版等方面付出的辛勤劳动和智慧，以及他给予我们的很多帮助。

编 者

2023 年于北京

目 录

前言
第 1 小时　信息处理技术基础知识 ………………… 1
 1.0　章节考点分析 ………………………… 1
 1.1　信息与信息技术 ……………………… 2
 1.2　初等数学基础 ………………………… 5
 1.3　信息处理与信息处理实务 …………… 6
第 2 小时　信息处理技术基础知识练习题 ………… 12
第 3 小时　计算机系统基础知识 …………………… 17
 3.0　章节考点分析 ………………………… 17
 3.1　计算机系统概述 ……………………… 18
 3.2　硬件系统基础 ………………………… 20
 3.3　计算机软件系统 ……………………… 22
 3.4　多媒体基础知识 ……………………… 23
第 4 小时　计算机系统基础知识练习题 …………… 30
第 5 小时　操作系统知识 …………………………… 34
 5.0　章节考点分析 ………………………… 34
 5.1　操作系统基础知识 …………………… 35
 5.2　Windows 7 操作系统的常见界面
   及使用 ………………………………… 38
 5.3　文件系统的相关概念及操作 ………… 41
第 6 小时　操作系统知识练习题 …………………… 44
第 7 小时　文字处理（上）………………………… 48
 7.0　章节考点分析 ………………………… 48
 7.1　文字处理概述 ………………………… 49
 7.2　文档基本操作与简单排版 …………… 49
 7.3　表格制作与应用 ……………………… 53
第 8 小时　文字处理（下）………………………… 55
 8.1　文字处理中图形的应用 ……………… 55
 8.2　文字处理综合应用 …………………… 56

 8.3　文字处理中的邮件合并应用 ………… 56
 8.4　文字处理高级应用 …………………… 57
第 9 小时　文字处理练习题 ………………………… 59
第 10 小时　电子表格处理（上）…………………… 63
 10.0　章节考点分析 ………………………… 63
 10.1　电子表格处理基本概念 ……………… 63
 10.2　电子表格处理基本操作 ……………… 65
第 11 小时　电子表格处理（下）…………………… 67
 11.1　使用公式和函数进行数据计算
    和分析 ………………………………… 67
 11.2　使用数据清单进行数据统计和分析 … 68
 11.3　使用图表进行数据展现 ……………… 69
第 12 小时　电子表格处理练习题 ………………… 70
第 13 小时　演示文稿基础知识（上）……………… 75
 13.0　章节考点分析 ………………………… 75
 13.1　演示文稿的基本概念及思路 ………… 76
 13.2　演示文稿的基本操作 ………………… 77
第 14 小时　演示文稿基础知识（下）……………… 79
 14.1　幻灯片设计中的对象使用 …………… 79
 14.2　幻灯片动画设计 ……………………… 80
 14.3　幻灯片放映设置 ……………………… 81
第 15 小时　演示文稿基础知识练习题 …………… 83
第 16 小时　制作出版物 …………………………… 86
 16.0　章节考点分析 ………………………… 86
 16.1　Publisher 初识 ………………………… 87
 16.2　出版物的创建及保存 ………………… 87
 16.3　出版物上各对象的使用 ……………… 88
 16.4　出版物的页面设计与打印 …………… 89

第 17 小时　制作出版物练习题 ………………… 91	27.2　常用缩略语、术语及例句 ……………… 138
第 18 小时　Visio 图形设计（上）……………… 93	第 28 小时　计算机英语常用词汇练习题 ……… 139
18.0　章节考点分析 ……………………………… 93	第 29 小时　Excel 常用函数及使用方法 ……… 142
18.1　Visio 图形设计概述 ……………………… 94	29.0　章节考点分析 …………………………… 142
18.2　Visio 基本操作 …………………………… 94	29.1　日期与时间函数 ………………………… 142
18.3　使用形状 …………………………………… 95	29.2　数学与三角函数 ………………………… 143
第 19 小时　Visio 图形设计（下）……………… 97	29.3　统计函数 ………………………………… 144
19.1　应用图表和主题 …………………………… 97	29.4　逻辑函数 ………………………………… 146
19.2　层 …………………………………………… 98	29.5　文本函数 ………………………………… 146
19.3　使用墨迹和容器 …………………………… 98	29.6　查找与引用函数 ………………………… 147
19.4　协同办公 …………………………………… 98	第 30 小时　案例分析题（应用技术）——
第 20 小时　Visio 图形设计练习题 …………… 100	文字处理 ………………………… 148
第 21 小时　数据库应用基础知识 ……………… 102	30.1　典型案例 1 ……………………………… 148
21.0　章节考点分析 …………………………… 102	30.2　典型案例 2 ……………………………… 149
21.1　数据库管理系统的基本理论 …………… 103	30.3　典型案例 3 ……………………………… 150
21.2　数据库管理系统的功能 ………………… 105	30.4　典型案例 4 ……………………………… 150
第 22 小时　数据库应用基础知识练习题 ……… 107	30.5　典型案例 5 ……………………………… 151
第 23 小时　计算机网络与互联网 ……………… 110	30.6　典型案例 6 ……………………………… 152
23.0　章节考点分析 …………………………… 110	第 31 小时　案例分析题（应用技术）——
23.1　计算机网络概述 ………………………… 111	电子表格处理 …………………… 153
23.2　TCP/IP …………………………………… 112	31.1　典型案例 1 ……………………………… 153
23.3　互联网基础知识及应用 ………………… 114	31.2　典型案例 2 ……………………………… 154
23.4　网络新技术 ……………………………… 118	31.3　典型案例 3 ……………………………… 155
第 24 小时　计算机网络与互联网练习题 ……… 121	31.4　典型案例 4 ……………………………… 156
第 25 小时　信息安全与法律法规 ……………… 124	第 32 小时　案例分析题（应用技术）——
25.0　章节考点分析 …………………………… 124	演示文稿处理 …………………… 158
25.1　信息安全 ………………………………… 125	32.1　典型案例 1 ……………………………… 158
25.2　知识产权与法律法规 …………………… 128	32.2　典型案例 2 ……………………………… 159
第 26 小时　信息安全与法律法规练习题 ……… 130	32.3　典型案例 3 ……………………………… 160
第 27 小时　计算机英语常用词汇 ……………… 133	32.4　典型案例 4 ……………………………… 160
27.0　章节考点分析 …………………………… 133	32.5　典型案例 5 ……………………………… 161
27.1　常用词汇及例句 ………………………… 133	

第1小时 信息处理技术基础知识

1.0 章节考点分析

第 1 小时主要学习信息与信息技术的基础概念、信息处理的基本过程和数据处理方法，以及进行信息处理应具备的初等数学基础知识、信息处理实务的内容。

本小时学习内容架构图如下：

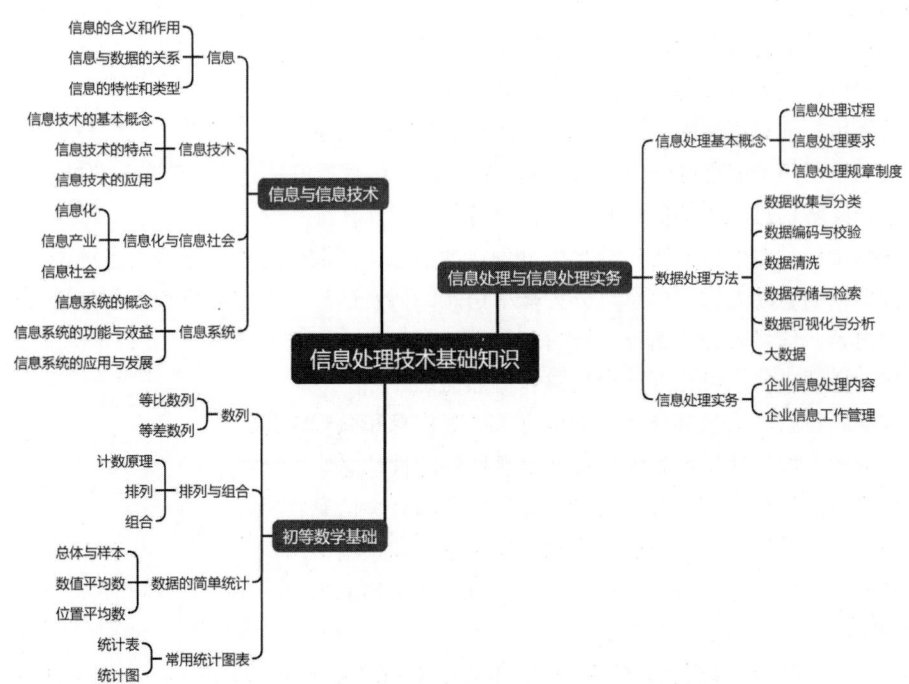

1.1 信息与信息技术

【基础知识点】

1. 信息

（1）信息的含义和作用。

信息（Information）的英文意思为消息或通知。作为一个严谨的科学术语，信息却不存在一个统一的定义，这是由它的极端复杂性决定的。

根据对信息的研究成果，信息概念可以概括如下：信息是客观事物在其运动、演化以及相互作用等过程中所呈现的现象、属性、关系与规律等。

信息不是事物本身，是表示事物之间联系的消息、情报、指令、数据或信号。在人类社会中，信息通常以行为、情感（包括手势、眼神等）和声、图、文、像、影等形式出现。

（2）信息与数据的关系。

数据是信息的物理形式，信息是数据的内容。

数据本身没有意义，只有经过解释才有意义，才成为信息。

数据是信息的载体，信息是数据的内涵。

（3）信息的特性。信息的特性包括普遍性、客观性、识别性、动态性、时效性、传递性、共享性、价值性、不完全性。

（4）信息的分类。

- 按性质，信息可分为语法信息、语义信息和语用信息。
- 按地位，信息可分为客观信息和主观信息。
- 按作用，信息可分为有用信息、无用信息和干扰信息。
- 按应用部门，信息可分为工业信息、农业信息、军事信息、政治信息、科技信息、文化信息、经济信息、市场信息和管理信息等。
- 按携带信息的信号性质，信息可分为连续信息、离散信息和半连续信息等。
- 按事物的运动方式，信息可分为概率信息、偶发信息、确定信息和模糊信息等。
- 按内容，信息可分为消息、资料和知识三类。
- 按社会性，信息可分为社会信息和自然信息。
- 按空间状态，信息可分为宏观信息、中观信息和微观信息。
- 按信源类型，信息可分为内源性信息和外源性信息。
- 按价值，信息可分为有用信息、无害信息和有害信息。
- 按时间性，信息可分为历史信息、现时信息和预测信息。
- 按载体，信息可分为文字信息、声像信息和实物信息。

2. 信息技术

（1）信息技术的基本概念。信息技术（Information Technology，IT）是指利用计算机和现代通信手段实现产生、获取、检索、识别、变换、处理、控制、传输、分析、显示及利用信息等的相关技术。主要包括感测与识别技术、信息传递技术、信息处理与再生技术、信息施用技术四类技术。

（2）信息技术的特点。信息技术是提高和扩展人类信息处理能力的主要方法和手段，其特点如下：数字化、高速、大容量化、智能化、综合、网络化、柔性化。

（3）信息技术的应用。包括但不限于计算机仿真技术、多媒体技术、虚拟现实技术、远程教育技术、互联网、电子出版物、多媒体技术交互应用等网络新型信息介质。

3．信息化与信息社会

（1）信息化的概念。信息化是不断运用信息产业改造传统的经济、社会结构从而通往理想状态的一段持续过程。

"信息化"用作名词，通常指现代信息技术应用，特别是促成应用对象或领域（比如企业或社会）发生转变的过程。

"信息化"用作形容词时，常指对象或领域因信息技术的深入应用所达成的新形态或状态。

（2）信息化构成要素。信息化构成要素主要有：信息资源、信息网络、信息技术、信息设备、信息产业、信息管理、信息政策、信息标准、信息应用、信息人才等。

从产生的角度看，信息化从"小"到"大"的5个层次是产品信息化、企业信息化、产业信息化、国民经济信息化和社会生活信息化。

（3）信息产业。信息产业又称信息技术产业，它是运用信息手段和技术，收集、整理、储存、传递信息情报，提供信息服务，并提供相应的信息手段、信息技术等服务的产业。

信息产业主要包括以下三大产业部门：信息处理和服务产业、信息处理设备行业、信息传递中介行业。

（4）信息社会。信息社会也称信息化社会，是脱离工业化社会以后，信息将起主要作用的社会。

社会信息化是指信息技术和信息产业在经济和社会发展中的作用日益加强，并发挥主导作用的动态发展过程。

信息社会以信息产业在国民经济中的比重、信息技术在传统产业中的应用程度和信息基础设施建设水平为主要标志。其主要特征如下：

- 信息、物质、能量构成社会赖以生存的三大资源。
- 信息社会的经济是以信息经济、知识经济为主导的经济。
- 劳动者的知识成为基本要求。
- 科技与人文在信息、知识的作用下更加紧密地结合起来。
- 人类生活不断趋向和谐，社会可持续发展。

4．信息系统

（1）信息系统的概念。信息系统（Information System，IS）是指进行信息处理的系统。

在信息处理整个生命周期中，存在着信息收集、表示、加工、传递、存储、检索和解释等过程。

如果在信息系统中使用计算机来代替人类完成部分或者全部工作，就是一个计算机信息系统。计算机信息系统是以提供信息服务为主要目的的数据密集型、人机交互的计算机应用系统。

（2）信息系统的特点。

- 涉及的数据量大。数据一般需存放在大容量的存储器中。
- 绝大部分数据是持久的，即不随程序运行的结束而消失，而需长期保留在计算机系统中。
- 这些持久数据为多个应用程序所共享，甚至在一个单位或更大范围内共享。
- 除具有数据采集、传输、存储和管理等基本功能外，还可向用户提供信息检索、统计报表、事务处理，以及规划、设计、指挥、控制、决策、报警、提示、咨询等信息服务。

（3）信息系统的分类。

- 过程控制系统：用于过程控制的信息控制系统。
- 信息资源服务系统：提供专门的信息资源服务。
- 管理信息系统：为企业管理决策服务。
- 其他信息系统：电子数据交换（EDI）系统、电子商务（EC）系统、企业资源规划（ERP）系统、自动化办公（OA）系统等。

（4）信息系统的功能。

- 输入功能：信息系统的输入功能取决于系统所要达到的目的及系统的能力和信息环境的许可。
- 存储功能：存储功能指的是系统存储各种信息资料和数据的能力。
- 处理功能：如基于数据仓库技术的联机分析处理（OLAP）和数据挖掘（DM）技术。
- 输出功能：信息系统的各种功能都是为了保证最终实现最佳的输出功能。
- 控制功能：对构成系统的各种信息处理设备进行控制和管理，对整个信息加工、处理、传输、输出等环节通过各种程序进行控制。

（5）信息系统的效益。

- 运用自动化系统提高生产能力和新技术所减少的成本。
- 经过改进的数据收集、储存和分析工具可能会带来以前不知道的销售机会。
- 改善客户服务和提高产品/服务质量。
- 改进决策制定过程。

（6）信息系统的应用与发展。

伴随着信息技术的发展，信息系统经历了简单数据处理系统、孤立的业务管理信息系统、集成一体化智能信息系统三个阶段。

信息系统未来的发展趋势：应用范围将越来越广，越来越注重以人为本，向协同生态的方向发展，向网络化方向发展，将更注重知识管理系统的发展，向智能化方向发展，向集成化方向发展，安全性将越来越高。

1.2 初等数学基础

【基础知识点】

1. 数列

按一定次序排列的一列数称为数列。数列中的每一个数都叫作这个数列的项。排在第一位的数称为这个数列的第 1 项（通常也叫作首项），排在第二位的数称为这个数列的第 2 项，以此类推，排在第 n 位的数称为这个数列的第 n 项，通常用 a_n 表示。

（1）等比数列。如果一个数列从第 2 项起，每一项与它的前一项的比等于同一个常数，这个数列就叫作等比数列。这个常数叫作等比数列的公比，公比通常用字母 q 表示。

等比数列通项公式：

$$a_n = a_1 q^{n-1} \quad （其中首项是 a_1，公比是 q）$$

（2）等差数列。如果一个数列从第 2 项起，每一项与它的前一项的差等于同一个常数，这个数列就叫作等差数列，这个常数叫作等差数列的公差，公差通常用字母 d 表示，前 n 项的和用 S_n 表示。

等差数列通项公式：

$$a_n = a_1 + (n-1)d$$

2. 排列与组合

排列、组合是组合学最基本的概念。排列组合的中心问题是研究给定要求的排列和组合可能出现的情况总数。

排列是指从给定个数的元素中取出指定个数的元素进行排序。

组合则是指从给定个数的元素中仅仅取出指定个数的元素，不考虑排序。

（1）排列。排列的定义：从 n 个不同元素中，任取 m（$m \leq n$，m 与 n 均为自然数，下同）个不同的元素按照一定的顺序排成一列，叫作从 n 个不同元素中取出 m 个元素的一个排列。

从 n 个不同元素中取出 m（$m \leq n$）个元素的所有排列的个数，叫作从 n 个不同元素中取出 m 个元素的排列数，用符号 $A(n,m)$ 或 A_n^m 表示。

计算公式：

$$A_n^m = n(n-1)(n-2)\ldots(n-m+1) = \frac{n!}{(n-m)!}$$

其中：$0! = 1$。

（2）组合。从 n 个不同元素中，任取 m（$m \leq n$）个元素并成一组，叫作从 n 个不同元素中取出 m 个元素的一个组合；从 n 个不同元素中取出 m（$m \leq n$）个元素的所有组合的个数，叫作从 n 个不同元素中取出 m 个元素的组合数。用符号 $C(n,m)$ 表示。

计算公式：

$$C_n^m = \frac{A_n^m}{m!} = \frac{n!}{m!(n-m)!}$$

3. 数据的简单统计

（1）总体与样本。所研究对象的全体叫总体或称母体，组成总体的每个基本单位就是个体。

总体具有同质性，每个个体具有共同的观察特征，而个体表现为某个数值是随机的，但它们取得某个数值的机会是不同的，也就是它们按一定的规律取值，取值与确定的概率相对应。

总体往往是设想的或抽象的，它所包含的个体数目往往很大，甚至可以是无穷多的。

从总体中所抽取的部分个体所组成的集合称为样本。

测定样本中的各个个体而得的特征数，如样本平均数等，称为统计数。

统计数是总体的相应参数的估计值。

从总体中随机抽取的样本称为随机样本。样本中包含个体的数目称为样本容量，又称为样本大小。

（2）数值平均数。平均数是指在一组数据中用所有数据的总和除以数据的个数。

平均数是表示一组数据集中趋势的量数，它是能够反映数据集中趋势的一项指标。

数值平均数通常采用一定的计算公式和计算方法进行数值计算得到：算术平均数、调和平均数、几何平均数。

（3）位置平均数。

- 众数：众数是指在一组数据中出现次数最多的那个数据。
- 中位数：中位数是将一组数据按大小顺序依次排列，处在最中间位置的数。
- 方差和标准差：方差（样本方差）是每个样本值与全体样本值的平均数之差的平方值的平均数，样本方差的算术平方根叫作标准差。

4. 常用统计图表

（1）统计表。统计表是将原始数据用纵横交叉线条所绘制成的表格来表现统计资料的一种形式。它主要用数量来将研究对象之间的相互关系、变化规律和差别显著地表示出来。其内容一般都包括总标题、横标题、纵标题、数字资料、单位与制表日期。

（2）统计图。统计图一般是根据统计表的资料，用点、线、面或立体图像形象地表达其数量或变化动态。

常用的统计图主要有柱形图、条形图、折线图、饼图、散点图、面积图、圆环图、雷达图。

1.3 信息处理与信息处理实务

【基础知识点】

1. 信息处理的基本概念

（1）信息处理过程。信息处理是人们对已有信息进行分类、加工、提取、分析和思考的过程，主要包括信息收集、数据表示、加工、传递和存储等处理技术。

信息处理过程是一个去粗取精、去伪存真的过程。
- 信息收集：指通过各种方式获取所需要的信息。信息可以分为原始信息和加工信息。信息收集的过程一般包括以下步骤：
  ◆ 根据业务部门提出的信息处理项目的目标和规划，制订信息收集计划。
  ◆ 设计收集提纲和表格（包括调查问卷）。
  ◆ 明确数据源、信息收集的方式和方法。
  ◆ 实施信息收集工作（包括收集原始数据和二手数据）。
  ◆ 形成信息收集的成果。
- 信息的数据表示：信息的数字化表示就是采用一定的基本符号，使用一定的组合规则来表示信息。计算机中采用的是二进制编码，其基本符号是"0"和"1"。
- 信息加工：指将收集到的信息按照一定的顺序和方法进行分类、编码、存储、处理和传送的加工过程。信息加工的主要内容如下。
  ◆ 信息的清洗和整理。
  ◆ 信息的筛选和判别。
  ◆ 信息的分类和排序。
  ◆ 信息的分析和研究。
  ◆ 信息的编制。
- 信息传递：指将信息从信息源传输给用户的过程。信息的发送者称为信源，信息的接收者称为信宿，信源和信宿之间信息交换的途径与设备称为信道。
- 信息存储：将经过加工整理序化后的信息按照一定的格式和顺序存储在特定的载体中的一种信息活动。

（2）信息处理要求：及时、准确、适用、经济、安全。

（3）信息处理规章制度。
- 信息系统日常运行管理。信息系统日常运行管理制度建立的目的是要求系统运行管理人员严格按照规章制度办事，定时定内容地重复进行有关数据与硬件的维护，以及对突发事件的处理等。如：
  ◆ 机房管理与设备维护制度。
  ◆ 突发事件处理制度。
  ◆ 信息备份、存档、整理和初始化制度。
- 信息系统文档管理制度。文档是以书面形式记录人们的思维活动及其工作结果的文字资料。信息系统开发要以文档描述为依据，信息系统实体运行与维护要用文档来支持。如：
  ◆ 文档制定标准与规范。
  ◆ 收存保管文档规定。
  ◆ 文档手续等制度。
- 信息系统运行安全与保密制度。信息系统的安全制度是为了防止破坏系统软件、硬件及信息资源行为而制定的相关规定与措施，如：

- 《中华人民共和国计算机信息系统安全保护条例》。
- 《互联网信息服务 管理办法》。
- 《信息系统中的信息等级划分及使用权限规定》。
- 《账号申请及注销程序》。

2. 数据处理方法

（1）数据收集的概念。在计算机学科中，数据是指所有能输入到计算机并被计算机程序处理的符号的总称，是用于输入计算机进行处理，并具有一定意义的字母、数字、符号和模拟量等的总称。

数据收集，是指利用某种装置（又称接口），从系统外部收集数据并输入到系统内部。如用户通过键盘输入信息，摄像头、扫描仪、麦克风、光电阅读器和移动存储设备都是数据收集的接口。

（2）数据收集原则：全面性原则、准确性原则、时效性原则、尊重提供者原则。

（3）数据收集方法：从文献中获取信息、调查，包括普查和抽样调查、建立情报网和感知网。

（4）数据分类的概念。数据分类就是把具有某种共同属性或特征的数据归并在一起，通过其类别的属性或特征来对数据进行区别。

（5）数据分类的基本原则：稳定性、系统性、可扩充性、综合实用性、兼容性。

（6）数据分类的方法。

- 按数据计量层次分类。数据由测量而产生，按照其测量尺度的不同，可以分为定类数据、定序数据、定距数据和定比数据四种。
- 按数据来源分类。一种是通过直接的调查获得的原始数据，一般称为一手或直接数据；另一种是别人调查的数据，并将这些数据进行加工和汇总后公布的数据，通常称为二手或间接数据。
- 按数据时间状况分类。一类是时间序列数据，它是指在不同的时间上收集到的数据，反映现象随时间变化的情况；另一类是截面型数据，它是指在相同的或近似的时间点上收集到的数据，描述现象在某一时刻的变化情况。

（7）数据分类的过程。数据分类过程一般包括两个步骤：一是建立一个模型，描述给定的数据集或概念集。二是使用数据模型对数据进行分类，包括评估模型的分类准确性以及对类标号未知的元组按模型进行分类。

（8）数据编码的概念。数据编码是指把需要加工处理的数据信息用特定的数字来表示的一种技术。即根据一定数据结构和目标的定性特征，将数据转换为代码或编码字符，在数据传输中表示数据的组成，并作为传送、接收和处理的一组规则和约定。

（9）数据编码的处理。

- 数值型数据的编码。数值型数据的编码就是根据该类数据的参照标准对变量赋予数值。
- 非数值型数据的编码。首先要确定编码规则，然后根据规则对变量赋予数值。通常对非数据型数据编码，主要起到分组的作用，不能进行各种算术运算。
- 缺失值的处理。缺失值是指在数据采集与整理过程中未获取或丢失的内容，往往会给数据的处理和分析带来一些麻烦和误差。缺失值可分为用户缺失值和系统缺失值。

缺失值有两种处理方法：一是替代法，采用统计命令或在相关统计功能中利用参数替代；二是剔除法，剔除有缺失值的数据。

（10）数据校验。数据校验应用在许多场合，主要是为了减少、避免错误数据的产生，保证数据的完整性。最简单的校验就是把原始数据和待比较数据直接进行比较，看是否完全一样。

在数据通信中发送方通常用一种指定的算法对原始数据计算出一个校验值，接收方用同样的算法计算一次校验值，如果和随数据提供的校验值一样，则说明数据是完整的。

常用的数据校验有：重复校验、界限校验、数据格式校验、逻辑校验、顺序校验、计数校验、平衡校验、对照校验。

（11）数据清洗。数据清洗指对数据进行重新审查和校验的过程，指发现并纠正数据中可识别的错误，包括检查数据一致性、处理无效值和缺失值、删除重复数据等。

数据清洗的基本方法：
- 解决不完整数据（即值缺失）的方法。大多数情况下，缺失的值必须手工填入。当然，某些缺失值可以从本数据源或其他数据源推导出来，这就可以用平均值、最大值、最小值或更为复杂的概率估计代替缺失的值。
- 错误值的检测及解决方法。用统计分析的方法识别可能的错误值或异常值，如偏差分析、识别不遵守分布或回归方程的值，也可以用简单规则库（常识性规则、业务特定规则等）检查数据值，或使用不同属性间的约束、外部的数据来检测和清洗数据。对异常值的处理需要特别谨慎，需要从业务方面进行分析究竟是否有错误。
- 重复记录的检测及消除方法。数据库中属性值完全相同的记录被认为是重复记录。通过判断记录间的属性值是否相等来检测记录，相等的记录合并为一条记录（即合并/清除）。合并/清除是消重的基本方法。
- 不一致性（数据源内部及数据源之间）的检测及解决方法。从多数据源集成的数据可能有语义冲突，可定义完整性约束用于检测不一致性，也可通过分析数据发现联系，从而使得数据保持一致。

（12）数据存储。数据存储对象包括数据流在加工过程中产生的临时文件或加工过程中需要查找的信息。数据以某种格式记录在计算机内部或外部存储介质上。存储介质是数据存储的载体，是数据存储的基础。

数据存储方式有三种：本地文件、数据库以及云存储。其中，本地文件使用较为方便；数据库性能优越；云存储则用于比较重要和数据量大的场合。

（13）数据检索。数据检索即把数据库中存储的数据根据用户的需求提取出来。数据检索的结果会生成一个数据表，既可以放回数据库，也可以作为进一步处理的对象。数据检索方法主要有顺序检索、对分检索和索引查询等。数据检索包括数据排序和数据筛选两项操作。

- 数据排序：查看数据时，往往需要按照实际需要，把数据按一定的顺序排列展示出来。
- 数据筛选：所谓"筛选"，是指根据给定的条件，从表中查找满足条件的记录并且显示出来，不满足条件的记录被隐藏起来。这些条件称为筛选条件。

（14）数据分析和展现。指用适当的统计分析方法对收集来的大量数据进行分析，将它们加以汇总、理解并消化，以求最大化地开发数据的功能，发挥数据的作用。数据分析是为了提取有用信息和形成结论而对数据加以详细研究和概括总结的过程。

实施数据分析项目，其过程概括起来主要包括明确分析目的与框架、数据收集、数据处理、数据分析、数据展现和撰写数据分析报告。

- 明确分析目的与框架：明确项目的数据对象、商业目的和要解决的业务问题。
- 数据收集：按照确定的数据分析和框架内容，有目的地收集、整合相关数据的一个过程，它是数据分析的一个基础。
- 数据处理：指对收集到的数据进行加工、整理，以便开展数据分析。数据处理主要包括数据清洗、数据转化等处理方法。
- 数据分析：指通过分析手段、方法和技巧对准备好的数据进行探索、分析，从中发现因果关系、内部联系和业务规律，为项目目标提供决策参考。
- 数据展现：通过图、表的方式来呈现数据分析的结果。
- 撰写数据分析报告：对整个数据分析成果的一个呈现。

（15）大数据。大数据是一类呈现数据容量大、增长速度快、数据类别多、价值密度低等特征的数据，也是一项能够对数量巨大、来源分散、格式多样的数据进行采集、存储和关联性分析的新一代信息系统架构和技术。

大数据特点：大量（Volume）、高速（Velocity）、多样（Variety）、价值（Value）。

大数据的实质是对数据资源进行价值挖掘，特别是对爆炸式增长的非结构化数据（典型的如图片、各类报表、音视频信息等），通过软件技术和新型算法进行专业化加工处理，挖掘数据背后的价值。

3. 信息处理实务

（1）企业信息处理内容。对信息资源进行挖掘和规划，首先应从企业的内部管理和企业外部竞争环境两方面来分析信息资源，其次可以从采购周期、生产周期和销售周期分析企业信息资源状况，最后可以从厂房设备等要素上分析其硬件资源状况，从人员配置等要素分析其人力资源状况等。

信息规划的基础是挖掘企业的信息资源和确认各部分的信息特征，分析企业需要建立哪些信息管理系统来处理信息资源，各系统如何共享信息等。

- 企业内部信息：企业产品信息、企业管理信息、设备、厂房和运力信息、人员、知识和资产信息。
- 企业外部信息：市场环境信息、技术经济信息、企业合作信息。

（2）企业信息工作管理。
- 企业信息资料管理。企业信息资料管理包括管理信息资料的收集、加工、存储和反馈等环节，是企业信息处理的基础工作。
- 企业信息用户管理。企业信息用户管理主要包括两方面内容：一是了解用户的信息需求；二是提高信息服务的质量。
- 企业信息工作管理。信息管理规章制度的建立、信息人员的配备和管理、信息装备的配置、工作计划的制订。

第2小时

信息处理技术基础知识练习题

1. 下列选项中，不属于数据清洗的是（　　）。
   A．删除重复数据　　　　　　　　B．处理无效值和缺失值
   C．检查数据一致性　　　　　　　D．数据排序
   答案：D

2. 3张不同的电影票全部分给10个人，每个人至多1张，则有（　　）种不同的分法。
   A．120　　　　B．360　　　　C．1024　　　　D．720
   答案：D

3. 一个四位二进制补码的表示范围是（　　）。
   A．$-7\sim8$　　　B．$-7\sim7$　　　C．$-8\sim7$　　　D．$0\sim15$
   答案：C

4. 关于数值编码的说法，不正确的是（　　）。
   A．机器数指数值在计算机中的编码表示
   B．真值是由人识别的
   C．数值编码的内容就是在计算机中如何把机器码映射为真值
   D．机器码是供机器使用的
   答案：C

5. 下列选项中，不属于数据校验方法的是（　　）。
   A．奇偶校验　　　B．海明码　　　C．BCD码　　　D．CRC循环校验码
   答案：C

6. （　　）不属于大数据的特征。
   A．访问时间短　　B．处理速度快　　C．价值密度低　　D．数据类型繁多
   答案：A

7. 计算机存储器的最小单位为（　　）。

A．字　　　　　　B．双字　　　　　　C．字节　　　　　　D．比特

答案：D

8．以下关于企业信息处理的叙述中，不正确的是（　　）。

A．数据处理是简单重复劳动　　　　B．数据是企业的重要资源

C．信息与噪声共存是常态　　　　　D．信息处理需要透过数据看本质

答案：A

9．银行有一种支付利息的方式：复利。即把前一期的利息和本金加在一起算作本金，再计算下一期的利息，假设存入本金30000元，年利率3%，复利，存期3年，则到期本利和是（　　）。

A．32700.0元　　B．32828.6元　　C．32781.8元　　D．32900.0元

答案：C

10．下列数中，最小的数为（　　）（注：括号后的下标为编码方式或者进制）。

A．$(90)_{10}$　　B．$(5F)_{16}$　　C．$(11100101)_2$　　D．$(10010010)_{BCD}$

答案：A

11．某食品厂生产的某种食品以500克为单位进行包装，其误差为10克，为了更准确地表达其商品的重量，会在食品包装上注明（　　）。

A．净重490～510克　　　　　　　B．净重500克，误差10克

C．重量500克，误差10克　　　　D．净重500±10克

答案：D

12．（　　）属于ABC（人工智能-大数据-云计算）技术的典型应用。

A．公共场合通过人脸识别发现通缉的逃犯

B．汽车上能选择最优道路的自动驾驶系统

C．通过条件查询在数据库中查找所需数据

D．机器人担任客服，回答客户咨询的问题

答案：C

13．将四个元素a、b、c、d分成非空的两组，不计组内顺序和组间顺序，共有（　　）种分组方法。

A．6　　　　　　B．7　　　　　　C．8　　　　　　D．12

答案：B

14．电子商务网站上可以收集到大量客户的基础数据、交易数据和行为数据。以下数据中，（　　）不属于行为数据。

A．会员信息　　B．支付偏好　　C．消费途径　　D．消费习惯

答案：A

15．数据分析经常需要把复杂的数据分组，并选取代表，将大量数据压缩或合并得到一个较小的数据集。这个过程称为（　　）。

A．数据清洗　　B．数据精简　　C．数据探索　　D．数据治理

答案：B

16. 处理海量数据时，删除重复数据的作用不包括（　　）。
    A．加快数据检索　　　　　　　　B．提升存储空间利用率
    C．防止数据泄露　　　　　　　　D．降低存储扩展的成本
    答案：C

17. 电子商务有多种模式。（　　）模式是个人消费者从在线商家处购买商品或服务。
    A．B2B　　　　B．B2C　　　　C．B2G　　　　D．C2C
    答案：B

18. 数据采集工作的注意事项不包括（　　）。
    A．要全面了解数据的原始面貌　　B．要制定科学的规则控制采集过程
    C．要从业务上理解数据，发现异常　D．要根据个人爱好筛选采集的数据
    答案：D

19. 对数据分析处理人员的素质要求不包括（　　）。
    A．业务理解能力和数据敏感度　　B．逻辑思维能力
    C．细心、耐心和交流能力　　　　D．速算能力
    答案：D

20. 以下关于数据处理的叙述中，不正确的是（　　）。
    A．数据处理不仅能预测不久的未来，有时还能影响未来
    B．数据处理和数据分析可以为决策提供真知灼见
    C．数据处理的重点应从技术角度去发现和解释数据蕴含的意义
    D．数据处理是从现实世界到数据，再从数据到现实世界的过程
    答案：C

21. "互联网+制造"是实施《中国制造 2025》的重要措施。以下对"互联网+制造"主要特征的叙述中，不正确的是（　　）。
    A．数字技术得到普遍应用，设计和研发实现协同与共享
    B．通过系统集成，打通整个制造系统的数据流、信息流
    C．企业生产将从以用户为中心向以产品为中心转型
    D．企业、产品和用户通过网络平台实现连接和交互
    答案：C

22. 信息技术给传统教育方式带来了深刻的变化。以下叙述中，不正确的是（　　）。
    A．学习者可以克服时空障碍，实现随时、随地、随愿学习
    B．给学习者提供宽松的、内容丰富的、个性化的学习环境
    C．通过信息技术与学科教学的整合，激发学生的学习兴趣
    D．教育信息化的发展使学校各学科全部转型为电子化教育
    答案：D

23. n=1,2,3,…,100 时，[n/3]共有（　　）个不同的数（[a]表示 a 的整数部分，例如 [3.14]的整数部分为 3）。

   A．33　　　　　B．34　　　　　C．35　　　　　D．100

   答案：B

24. 某工厂共 40 人参加技能考核，平均成绩 80 分，其中男工平均成绩 83 分，女工平均成绩 78 分。该工厂参加技能考核的女工有（　　）人。

   A．16　　　　　B．18　　　　　C．20　　　　　D．24

   答案：B

25. (a+b-|a-b|)/2=（　　）。

   A．a　　　　　B．b　　　　　C．min(a,b)　　　　　D．max(a,b)

   答案：C

26. 在信息收集过程中，需要根据项目的目标把握数据（　　）要求，既不要纳入过多无关的数据，也不要短缺主要的数据；既不要过于简化，也不要过于烦琐。

   A．适用性　　　B．准确性　　　C．安全性　　　D．及时性

   答案：A

27. 许多企业常把大量暂时不用的过期数据分类归档转存于（　　）中。

   A．ROM　　　　B．移动硬盘　　　C．Cache　　　　D．RAM

   答案：B

28. 信息传递的三个基本环节中，信息接收者称为（　　）。

   A．信源　　　　B．信道　　　　C．信标　　　　D．信宿

   答案：D

29. 数据处理过程中，影响数据精度的因素不包括（　　）。

   A．显示器的分辨率　　　　　　B．收集数据的准确度
   C．数据的类型　　　　　　　　D．对小数位数的指定

   答案：A

30. 某商场记录（统计）销售情况的数据库中，对每一种商品采用了国家统一的商品编码。这种做法的好处不包括（　　）。

   A．节省存储量　　B．确保唯一性　　C．便于人识别　　D．便于计算机处理

   答案：C

31. 某地区对高二学生举行了一次数学统考，并按"成绩—人数"绘制了分布曲线。考试成绩呈（　　），分布比较合理。

   A．比较平坦的均匀分布　　　　B．两头高中间低的凹型分布
   C．大致逐渐降低的分布　　　　D．两头低中间高的正态分布

   答案：D

32. 数据分析工具的（　　）特性是指它能导入和导出各种常见格式的数据文件或分析结果。

A．硬件兼容性　　B．软件兼容性　　C．数据兼容性　　D．应用兼容性
答案：C

33．某数字校园平台的系统架构包括用户层和以下四层。制作各种可视化图表的工具属于（　　）。
A．基础设施层　　B．支撑平台层　　C．应用层　　D．表现层
答案：D

34．建立规范的信息处理流程的作用一般不包括（　　）。
A．使各个环节衔接井井有条，不重复，不遗漏
B．各步骤都有数据校验，保证信息处理的质量
C．减少设备的损耗，降低信息处理成本
D．明确分工和责任，出现问题便于追责
答案：D

35．一般来说，收集到的数据经过清洗后，还需要进行分类、排序等工作。这样做的好处主要是（　　）。
A．节省存储　　B．便于传输　　C．提高安全性　　D．便于查找
答案：D

36．在大型分布式信息系统中，为提高信息处理效率，减少网络拥堵，信息存储的原则是：数据应尽量（　　）。
A．集中存储在数据中心　　　　　B．分散存储在数据产生端
C．靠近数据使用端存储　　　　　D．均衡地存储在各个终端
答案：B

37．（　　）属于人工智能的应用。
A．程序设计　　B．指纹识别　　C．社区聊天　　D．数据统计
答案：B

38．为向相关人员以可视化方式展示数据分析结果，首先需要明确目标受众（即需要给哪些人看），并了解他们考虑的一些问题。这些问题一般不包括（　　）。
A．他们对将要讨论的事项了解多少　　B．他们需要什么，又想要知道什么
C．他们的艺术水平和欣赏能力如何　　D．他们将如何利用分析展示的信息
答案：C

39．信息处理技术员资格考试的试卷包括信息处理基础知识、计算机基础知识、法律法规知识、专业英语、办公软件使用技能五个方面。某次考试后，对这五个方面分别统计了各考生的得分率以及全国的平均得分率。为了直观展现每个考生在各个方面的水平以及该考生的整体水平，并与全国平均水平进行比较，宜采用（　　）。
A．直方图　　B．圆饼图　　C．折线图　　D．雷达图
答案：D

第3小时 计算机系统基础知识

3.0 章节考点分析

【基础知识点】

第 3 小时主要学习计算机系统相关知识，包括硬件系统的构成、性能指标等，软件系统的组成和多媒体基本常识，音频和图像的数字化等。

本小时内容架构图如下：

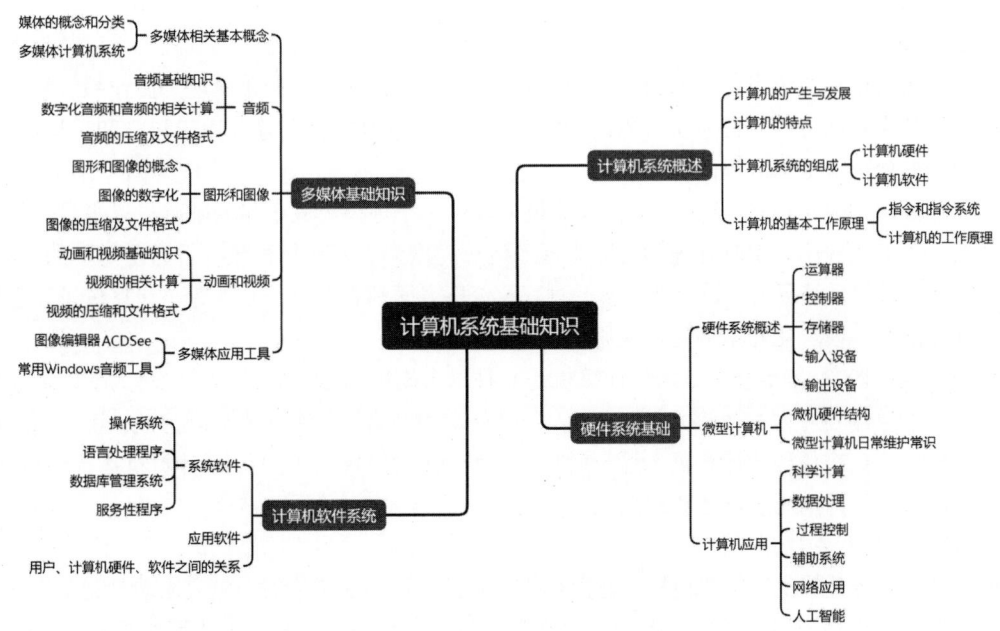

3.1 计算机系统概述

【基础知识点】

1. 计算机的概念

计算机（Computer）俗称电脑，是指一种能快速、高效、准确地对各种信息进行处理和存储的数字化电子设备。它把程序存放在存储器中，通过执行程序对输入数据进行加工、处理、存储和传输并获得输出信息。计算机系统由硬件系统和软件系统两大部分构成。

2. 计算机的产生

世界上第一台电子计算机是 1946 年由美国宾夕法尼亚大学的约翰·莫克利（John W.Mauchly）和艾克特（J.PresperEckert）等人为军事需要研制的，称为 ENIAC（Electronic Numerical Integrator Calculator）。该机器共用 18000 多个电子管，占地面积 167m^2，重 30t，功率 150kW，字长 12 位，每秒可运算 5000 次加减法。

与现代计算机相比，除了体积大、计算速度慢、能耗大外，ENIAC 还有很多不足之处，如存储容量太小等。

ENIAC 虽然存在许多缺点，但却是历史上一次划时代的创新，它奠定了电子计算机的基础。

3. 计算机的发展阶段

第一阶段：1946—1955 年。第一代计算机是以电子管作为基本逻辑元件，以磁芯、磁鼓为内存储器，以机器语言和汇编语言为处理方式，运算速度为 5000～30000 次每秒的庞大计算机，主要用于科学和工程计算。

第二阶段：1956—1963 年。第二代计算机以晶体管为基本逻辑元件，以磁芯、磁鼓为内存储器，程序设计采用高级语言，如 COBOL、FORTRAN 等。在这一时期还出现了操作系统软件，运算速度可达几十万次每秒至百万次每秒，同时体积缩小、功耗降低。除了用于科学和工程计算外，还应用于数据处理等更为广泛的领域。

第三阶段：1964—1971 年。第三代计算机是以中、小规模集成电路为基础，以半导体芯片为主存储器，以多道程序、实时处理为处理方式，运算速度为百万次每秒至几百万次每秒的计算机。在软件方面，操作系统日益完善；在体积、功耗、价格方面都有了进一步改善。计算机设计思想已逐步走向标准化、模块化和系列化，应用范围更加广泛。

第四阶段：1972 年至今。第四代计算机是一种以大规模和超大规模集成电路为基础，采用集成度更高的半导体芯片为主存储器，以实时、分时处理和网络操作系统为处理方式，运算速度达几百万次每秒至几亿次每秒的计算机。这一时期，系统软件的发展不仅实现了计算机运行的自动化，而且正在向智能化方向迈进，各种应用软件层出不穷，极大地方便了用户。

4. 计算机的发展趋势

- 高速超导计算机。所谓超导，是指有些物质在接近绝对零度时，电流流动是无阻力的。超导计算机是使用超导体元器件的高速计算机，这种电脑的耗电仅为用半导体器件制造的电脑所耗电的几千分之一。
- 光计算机。光计算机是利用光作为载体进行信息处理的计算机，也称为光脑。光计算机的功率取决于其组成部件的运行速度和排列密度，光在这两个方面都很有优势。
- 生物计算机。生物计算机主要是以生物电子元件构建的计算机。它利用蛋白质的开关特性，由蛋白质分子作元件制成生物芯片。其性能由元件与元件之间电流启闭的开关速度来决定。生物芯片传递信息时阻抗小，能耗低，且具有生物的特点，具有自我组织、自我修复能力。
- 量子计算机。量子计算机是一种利用处于多现实态下的原子进行运算的计算机。这与传统的二进制计算机将信息分为"0"和"1"对应于晶体管的"开"和"关"来处理不同，量子计算机中最小的处理单位是一个量子比特。
- 情感计算机。未来的计算机将在模式识别、语音处理、句法分析和语义分析的综合处理能力上获得重大突破。它可以识别孤立单词、连续单词、连续语音和特定或非特定对象的自然语言（包括口语）。

5. 计算机的特点

计算机的主要特点有运算速度快、计算精度高、逻辑判断和记忆能力强、自动化程度高及通用性强。

- 运算速度快。计算机的运算速度一般是指计算机每秒能执行的加法运算次数。例如，微型机的运算速度一般可达到每秒几亿次，世界上一些较先进的巨型计算机的运算速度可达数百万亿次每秒甚至上千万亿次每秒。
- 计算精度高。计算机的计算精度主要取决于 CPU 在单位时间内一次处理二进制数的位数。CPU 在单位时间内一次处理的二进制数据的位数称为字长，字长越长，其计算精度越高。
- 具有记忆和逻辑判断能力。随着计算机存储容量的不断增大，可存储记忆的信息越来越多。计算机不仅能进行计算，而且能把参加运算的数据、程序以及中间结果和最后结果保存起来，以供用户随时调用；还可以对各种信息（如语言、文字、图形、图像、音乐等）通过编码技术进行算术运算和逻辑运算，甚至进行推理和证明。
- 自动化程度高。由于计算机采取存储程序的工作方式，所以能够在人们预先编制好的程序的控制下自动地进行连续不断的运算、处理和控制。
- 通用性强。计算机采用数字化信息来表示各类信息，采用逻辑代数作为相应的设计手段，既能进行算术运算又能进行逻辑判断。这样，计算机不仅能进行数值计算，还能进行信息处理和自动控制。

6. 计算机系统的组成

计算机系统是由硬件系统和软件系统组成的。计算机硬件（Hardware）是构成计算机的各种物质实体的总和。计算机软件（Software）是计算机上运行的各种程序及相关资料的总和。硬件是软件建立和依托的基础，软件是计算机系统的灵魂。

7. 计算机的指令、指令系统与基本工作原理
- 指令和指令系统：计算机硬件能够直接识别并执行的命令称为机器指令（简称指令），一台计算机能够识别的指令的集合称为指令系统。指令通常由操作码和操作对象两大部分组成。
- 工作原理：计算机的基本原理是存储程序和程序控制。

计算机在运行时，先从内存中取出第一条指令，通过控制器的译码，按指令的要求，从存储器中取出数据进行指定的运算和逻辑操作等加工，然后再按地址把结果送到内存中去。接下来，再取出第二条指令，在控制器的指挥下完成规定操作，直至遇到停止指令。

程序与数据一样存储，按程序编排的顺序，一步一步地取出指令，自动地完成指令规定的操作是计算机最基本的工作原理。

3.2 硬件系统基础

【基础知识点】

1. 计算机硬件系统概述

计算机硬件系统由运算器、控制器、存储器、输入设备和输出设备五个基本部分组成。

- 运算器。运算器由很多逻辑电路组成，包括算术逻辑单元（Arithmetic Logical Unit，ALU）和一系列寄存器等部件，其中算术逻辑单元是运算器的核心。它可以进行算术运算和逻辑运算。算术运算是指加、减、乘、除等；逻辑运算泛指非算术运算，如非、与、或等运算。

运算器在控制器的控制下，从内存中取出数据送到运算器中进行处理，处理的结果再送回存储器。

- 控制器。控制器（Control Unit）是计算机的指挥部。它的功能是从内存中依次取出指令、分析指令并产生相应的控制信号，送向各个部件，指挥计算机的各个部件协调工作。

控制器一般由指令寄存器、指令译码器、时序电路和控制电路组成。

- 存储器。存储器（Memory Unit）就好比是计算机的"仓库"，其中有许多小的"空间"被称为存储单元，每个小的"空间"又被编上了号，称为单元地址，用它们来存放输入设备送来的数据以及运算器送来的运算结果。

对存储器的操作有两种：一是"写入"；二是"读取"。往存储器里"存入"数据的操作称为写入；从存储器里把数据取出的操作称为读取。计算机中的存储器分为主存储器和辅助存储器两种。

- 输入设备。计算机要进行数据处理，必须将程序和数据送到内存，转换为计算机能够识别的电信号，这样的设备称为输入设备（Input Unit）。其功能就是将数据、程序及其他信息，从人们熟悉的形式转换为计算机能够接受的信息形式，输入到计算机内部。

常见的输入设备有键盘、鼠标、扫描仪等。

- 输出设备。将主机的信息输出时，就要产生与输出信息相对应的各种电信号，并在显示器

上显示，或在打印机上打印，或在外存储器上存放等。能将计算机内部的信息传递出来的设备就是输出设备（Output Unit）。其功能是将计算机内部二进制形式的信息转换成人们所需要的或其他设备所能接受和识别的信息形式。

常见的输出设备有显示器、打印机、绘图仪、音箱等。

2. 微型计算机硬件结构

- 机箱。机箱是计算机主机的外衣，电脑大多数的组件都固定在机箱内部，机箱保护这些组件不受到碰撞，减少灰尘吸附，减小电磁辐射干扰。
- 电源。电源用于向硬盘、光驱、软驱、主板等提供电源。所以说电源是主机的动力源泉，主机的所有组件都需要电源进行供电。
- 主板。主板（Main Board，MB）也称母板或系统板，它安装在机箱内，是计算机最基本的也是最重要的部件之一。主板一般为矩形电路板，上面安装了组成计算机的主要电路系统，一般有 BIOS 芯片、I/O 控制芯片、按键和面板控制开关接口、指示灯插接件、扩充插槽、主板及插卡的直流电源供电接插件等元件。
- 微处理器（CPU）。微处理器也叫中央处理单元，是计算机完成指令读出、解释和执行的重要部件，主要由运算器和控制器组成。

微处理器是微型计算机的硬件核心，负责控制和协调整个计算机系统的工作。现代的微处理器还包括高速缓冲存储器（Cache）。

- 内存。内存位于系统主板上，可以与 CPU 直接进行信息交换，存放的是当前正在执行的程序和数据。它的特点是：存取速度快，但存储容量较小，价格相对较贵。内存主要由 RAM 和 ROM 两部分组成。
- 外存。外部存储器简称外存，或称为辅助存储器。其特点是存储容量大和价格便宜，但存取速度慢，不能与 CPU 直接交换信息。外存可分为磁存储器（如磁鼓、磁带等）、磁盘存储器（硬盘）以及光盘存储器。
- 其他外部设备：键盘、鼠标、扫描仪、光笔、触摸屏、显示器、打印机、音箱。

3. 微型计算机日常维护

微型计算机日常维护涉及系统维护和环境维护两个方面。系统维护主要指对微型计算机软件和硬件的控制与管理，保证微型计算机正常、稳定的工作状态。环境维护主要指对影响计算机正常使用的外部环境进行控制和管理，保证计算机系统的正常稳定的运行。

- 微型计算机的故障：计算机黑屏、开机后系统报警、开机后屏幕显示提示错误信息、分区表故障、启动后自动进入"安全模式"、计算机运行很慢、关机时出错导致不能关机、关机时提示某文件错误、关机变成重新启动。
- 微型计算机的日常保养：一般来说，微机系统在正常使用过程中，其外界温度、湿度、灰尘、外接电源、摆放位置等因素都会对微机系统是否能保持良好的工作状态产生很大的影响。理想的工作环境：控制外界温度、保持一定的空气湿度、注意环境清洁、远离电磁干扰、稳定的外部电源。

- 计算机系统日常维护注意事项：注意开关机顺序、不要频繁地开关机、不要随意移动主机箱、定期清洁计算机、断电工作、计算机内部维护、软件系统初始安装的维护、软件系统定期维护。

4. 计算机应用

计算机应用包括科学计算、数据处理、过程控制、辅助系统、网络应用、人工智能。

- 科学计算。计算机作为一种高速度、高精度的自动化计算工具，在科学技术领域中得到了广泛应用。在数学、物理、化学、天文学、地质学、气象学等科研方面，以及宇航、飞机制造、机械、建筑、水电等工程设计方面解决了大量的科学计算问题。
- 数据处理。数据处理是使用计算机进行事物处理，财务、统计、资料情报处理及科学试验结果等大量数据的加工、合并、分类、比较、统计、排序、检索及存储等，是目前计算机应用中最广泛的领域。
- 过程控制。过程控制又称实时控制，指用计算机及时采集数据，将数据处理后，按最佳值迅速地对控制对象进行控制，实现生产过程自动化，提高控制的及时性和准确性，从而改善劳动条件、提高质量、节约能源、降低成本。
- 辅助系统。计算机辅助系统包括：计算机辅助设计（Computer Aided Design，CAD）、计算机辅助制造（Computer Aided Manufacturing，CAM）、计算机辅助教学（Computer Aided Instruction，CAI）、计算机辅助工程（Computer Aided Engineering，CAE）、计算机辅助测试（Computer-Aided Test，CAT）、计算机集成制造系统（Computer Integrated Manufacturing System，CIMS）等。
- 网络应用。计算机技术与现代通信技术的结合构成了计算机网络。计算机网络的建立，不仅解决了一个单位、一个地区、一个国家中计算机与计算机之间的通信，各种软、硬件资源的共享，也大大促进了国际间的文字、图像、视频和声音等各类数据的传输与处理。
- 人工智能。人工智能是研究、开发用于模拟、延伸和扩展人的智能的理论、方法、技术及应用系统的一门新的技术科学。目前主要应用于机器视觉、指纹识别、人脸识别、视网膜识别、虹膜识别、掌纹识别、专家系统、自动规划、智能搜索、定理证明、博弈、自动程序设计、智能控制、机器人学、语言和图像理解、遗传编程等方面。

3.3 计算机软件系统

【基础知识点】

1. 系统软件

系统软件是一个计算机系统必须配置的程序和数据集合，它是专为计算机系统所配置的，其物质基础是硬件系统，所以系统软件是计算机硬件系统正常工作必须配置的部分软件。

系统软件包括各种操作系统、程序设计语言、编译或解释程序、系统服务类程序（诊断程序）、网络软件、数据库管理系统等。

- 操作系统。操作系统（Operating System，OS）是计算机系统软件的核心，其本身是系统软件的一部分，是最贴近硬件的系统软件，它由一系列具有控制和管理功能的子程序组成。
- 语言处理程序。程序设计语言是软件系统的重要组成部分，而相应的各种语言处理程序属于系统软件。程序设计语言一般分为机器语言、汇编语言、高级语言、非过程语言、智能性语言 5 类。
- 数据库管理系统。数据库管理系统是对计算机中所存放的大量数据进行组织、管理、查询并提供一定处理功能的软件系统。
- 服务性程序。服务性程序是一类辅助性的程序，它提供各种运行所需的服务，主要有编辑程序、调试程序、装配和连接程序、测试程序等。

2．应用软件

应用软件是指为用户解决某个实际问题而编制的程序和有关资料。可分为应用软件包和用户程序。应用软件包是指软件公司为解决带有通用性的问题精心研制的供用户选择的程序。用户程序是指为特定用户解决特定问题而开发的软件。例如：

- 文字处理软件。
- 表格处理软件。
- 图形图像处理软件。
- 网络通信软件。
- 演示文稿软件。
- 统计软件。
- 实时控制软件。
- 多媒体软件。

3.4 多媒体基础知识

【基础知识点】

1．媒体的概念

媒体在计算机领域是指信息传输和存储过程中的技术、手段和工具，是信息存在和表示的一种形式，是信息的载体。

2．媒体的分类

- 感觉媒体（Perception Medium）。指直接作用于人的感觉器官，使人产生直接感觉的媒体。如引起听觉和视觉反应的声音和图像等。
- 表示媒体（Representation Medium）。指信息在计算机中的编码，如图像编码（JPEG、MPEG)、文本编码（ASCII、GB 2312）和声音编码等。
- 表现媒体：指计算机用于输入、输出信息的媒体，如信息输入媒体有键盘、鼠标、光笔、扫描仪、摄像机、话筒等，信息输出媒体有显示器、打印机、喇叭等。

- 存储媒体（Storage Medium）。指用于存储表示媒体的硬盘、光盘、移动磁盘等。
- 传输媒体（Transmission Medium）。指传输表示媒体的物理介质，如电话线、双绞线、同轴电缆、光纤、微波、红外线等。

3. 媒体元素

在计算机系统中，直接作用于人的感觉器官，使人产生直接感觉的媒体，有文本、图形、图像、声音、动画和视频图像等媒体元素。

- 文本：计算机系统中经常使用的媒体，是计算机文字处理程序和多媒体应用程序的基础，通过多媒体应用系统对文本显示方式的组织，使显示的信息更直观更易于理解。
- 图形：指计算机生成的各种有规则的图。
- 图像：指由输入设备捕捉的实际场景画面或以数字化形式存储的任意画面。
- 视频：指将若干有联系的图像数据连续播放的显示效果。
- 音频：指声音采集设备捕捉或生成的声波以数字化形式存储，并能够重现的声音信息。
- 动画：运动的图画，是一幅幅静态图形文件在计算机显示设备上以连续的方式快速播放，使人的视觉感受到运动的效果。

4. 多媒体的定义

多媒体是指能够同时获取、处理、编辑、存储和展示两个以上不同类型信息媒体的技术，这些信息媒体包括文字、声音、图形、图像、动画、视频等。

5. 多媒体的特性

- 多样化。信息载体的多样化是相对于计算机而言的，指的是信息媒体的多样化。
- 集成性。多媒体的集成性主要表现在两个方面：一是多媒体信息的集成，这种集成包括信息的多通道统一获取和多媒体信息的统一存储与组织等；二是处理这些媒体设备的集成，这种集成指的是将多媒体的各种设备组成为一体。
- 交互性。多媒体的交互性向用户提供更加有效地控制和使用信息的手段，同时为多媒体的应用开辟了更加广阔的领域。
- 非线性。以往人们读写文本时，大都采用线性顺序读写，循序渐进地获取知识。

6. 数字媒体

数字媒体属于工学学科门类，是指以二进制数的形式记录、处理、传播、获取过程的信息载体。数字媒体技术是信息与通信工程专业术语，其中的概念和分析方法广泛应用于通信与信息系统、信号与信息处理、电子与通信工程等信息技术领域。

视频网站和社交媒体将成为数字媒体发展的新方向。

7. 移动数字媒体

移动数字媒体是指以移动数字终端为载体，通过无线数字技术与移动数字处理技术可以运行各种平台软件及相关应用，以文字、图片、视频等方式展示信息和提供信息处理功能的媒介。

8. 多媒体计算机系统

所谓多媒体计算机，就是充分利用计算机的先进技术和优势，能综合处理文本、图形、图像和声音等多种媒体信息，把它们集成为一个完整的系统，并具有很强的交互功能的计算机。

多媒体计算机系统是一种复杂的硬件和软件有机结合的综合系统，它把计算机系统与多媒体融合起来，并由计算机系统对各种媒体进行数字化处理。

多媒体计算机系统由多媒体硬件系统和多媒体软件系统两大部分组成。

- 多媒体硬件系统。多媒体硬件系统由多媒体计算机、可以接收和播放多媒体信息的各种多媒体外部设备及其接口板卡组成。
- 多媒体软件系统。从多媒体软件的功能来看，可以分为系统软件、多媒体素材编辑软件、多媒体制作工具软件和多媒体应用软件。

9. 音频的概念

我们把人类能够听到的所有声音都称为音频，当然也可能包括噪声等。目前音频已用作一般性描述音频范围内和声音有关的设备及其作用。

10. 音频信号的处理

声音是一种连续的模拟信号，而计算机处理的是数字信号，因此要把声音存储到计算机中必须先进行数字化处理。

播放时要以实际声音输出，必须将数字声音解码、解压缩，经过数模信号转换，形成模拟信号回放输出。

11. 音频数字化

把输入的声音模拟信号转换成数字信号的过程称为声音的数字化。它是一种利用数字化手段对声音进行录制、存放、编辑、压缩或播放的技术，它是随着数字信号处理技术、计算机技术、多媒体技术的发展而形成的一种全新的声音处理手段。

12. 声音信号数字化过程

- 采样：在时间轴上对信号数字化，是指用每隔一定时间的信号样值序列来代替原来在时间上连续的信号，也就是在时间上将模拟信号离散化。
- 量化：在幅度轴上对信号数字化，是用有限个幅度值近似原来连续变化的幅度值，把模拟信号的连续幅度变为有限数量的有一定间隔的离散值。
- 编码：按一定格式记录采样和量化后的数字数据，是按照一定的规律，把量化后的值用二进制数字表示。

13. 音频信号的处理过程

采样和量化后的声音信号经编码后就成为数字音频信号，可以将其以文件形式保存在计算机的存储介质中，这样的文件一般称为数字声波文件。

播放数字声音时需进行解码、解压缩，形成二进制数据再将二进制数据进行数模信号转换，形成模拟声音信号输出。

14. 音频文件的容量

- 采样频率。采样频率等于单位时间内声音波形被等分的份数，份数越多（即频率越高），质量就越好。采样频率单位用赫兹（Hz）来表示。

- 采样精度。采样精度即每个声音样本所需存储的位数，它反映了度量声音波形幅度的精度。
- 声道数。声道数即声音通道的个数。声道个数表明声音产生的波形数，一般分为单声道和多声道。

15. 音频压缩

音频压缩技术指的是对原始数字音频信号流（PCM 编码）运用适当的数字信号处理技术，在不损失有用信息量或所引入损失可忽略的条件下，降低（压缩）其码率，也称为压缩编码。

音频压缩有两种方式，分别是有损压缩和无损压缩。

16. 音频文件格式

- .WAV：Windows 声音波形文件格式，由 IBM 公司与微软公司联合开发。
- .MP3：MPEG Layer III 标准压缩。
- .RM、.RA：Real Networks 公司的流放式声音文件格式。
- .WMA 微软：Windows Media Player 专用格式。
- .VOC、.VOX：声霸卡存储的声音文件存储格式。
- .SWA：Authorware 专用压缩文件格式。
- .VQF：NTT 开发的最新声音文件，具有更高的压缩比。
- .AU：Sun 和 NeXT 公司的声音文件存储格式。
- .AIFF：Macintosh 平台的声音文件。
- .MID：Windows MIDI 文件存储格式，乐器数字接口文件。

17. 图形和图像

- 图形。矢量图（Vector Drawn），它是根据几何特性来绘制的。图形的元素是一些点、直线、弧线等。矢量图常用于框架结构的图形处理，应用非常广泛，如计算机辅助设计（CAD）系统中常用矢量图来描述十分复杂的几何图形，适用于直线以及其他可以用角度、坐标和距离来表示的图。图形任意放大或者缩小后，清晰依旧。
- 图像。位图（Bitmap），它所包含的信息是用像素来度量的。就像细胞是组成人体的最小单元一样，像素是组成一幅图像的最小单元。
  - 像素。是图像元素的简称，是指由一个数字序列表示的图像中的一个最小单位，它是构成数字图像的基本单元。像素仅仅只是分辨率的尺寸单位，而不是画质。
  - 图像的参数。
  - 分辨率：水平与垂直方向上的像素个数。
  - 色彩模式：指图像所使用的色彩描述方法。如 RGB（红、绿、蓝）、CMYK（青、橙、黄、黑）等。
  - 颜色灰度（深度）：图像中每个像素点的颜色信息。用若干数据位来表示，这些数据位的个数称为图像的颜色灰度。

18. 图像的数字化

图像数字化是将连续色调的模拟图像经采样量化后转换成数字影像的过程。图像的数字化过程主要分采样、量化与编码 3 个步骤。
- 采样：按照某种时间间隔或空间间隔，采集模拟信号的过程。
- 量化：指要使用多大范围的数值来表示图像采样之后的每一个点。
- 编码：将量化的离散信号转换成用二进制数码 0/1 表示的形式。

19. 图像的压缩
- 图像压缩分为无损压缩和有损压缩两类。
- 常用的无损压缩图像格式有 BMP、TIF、PCX、GIF 等。
- 有损压缩就是经过压缩后不能将原文件包含的信息完全保留。有损压缩的数据还原后有一定的损失，但不影响其信息的表达。
- 常用压缩算法的标准：压缩静止图像的 JPEG 标准、压缩运动图像的 MPEG 标准。

20. 图形图像的文件格式
- BMP（Bitmap）。BMP 是微软公司为其 Windows 环境设置的标准图像格式，是计算机上最常用的图像格式，有压缩和不压缩两种形式。
- GIF（Graphics Interchanges Format）。GIF 是 CompuServe 公司开发的图像文件格式，采用基于 LZW（Lempel-ZivWalch）算法的无失真压缩技术，使用了变长代码。
- JPEG（Joint Photographic Experts Group）。JPEG 是可以大幅度地压缩图形文件的一种图形格式。JPEG 格式的图像文件具有迄今为止最为复杂的文件结构和编码方式。
- TIFF（Tag Image File Format）。TIFF 是由 Aldus 和 Microsoft 公司为扫描仪和台式出版软件开发的文件格式，是为存储二值图像、灰度图像和彩色图像定义的存储格式。
- TGA（Targa）。TGA 由 Truevision 公司设计，可支持任意大小的图像。专业图形用户经常使用 TGA 点阵格式保存具有真实感的三维有光源图像。
- WMF（Windows Metafile Format）。WMF 是 Microsoft Windows 图元文件，具有文件短小、图案造型化的特点。
- PNG（Portable Network Graphic）。PNG 是一种无失真压缩图像格式，具有支持索引、灰度、RGB 三种颜色方案以及 Alpha 通道等特性。
- IFF（Image File Format）。IFF 适用于大型超级图形（图像）处理平台，图形（图像）效果，包括色彩纹理等逼真再现原景。
- PCX：Z-soft 公司为存储 PC Paint Brush（PC 画笔）软件产生的图像而建立的图像文件格式，已成为事实上的位图文件的标准格式，绝大多数用到位图图像的台式出版软件和文字处理软件都可处理该格式。

21. 动画和视频基础知识
- 动画：是通过连续播放一系列画面，给视觉造成连续变化的图画。
- 视频：泛指将一系列静态影像以电信号的方式加以捕捉、记录、处理、储存、传送与重现的各种技术。看上去是平滑连续的视觉效果，这样连续的画面叫作视频。
- 动画和视频都是由一系列的静止画面按照一定的顺序排列而成的，这些静止画面称为帧，每一帧与相邻帧略有不同。计算机动画和视频的主要差别类似图形与图像的区别，即帧图像画面的产生方式有所不同。
- 立体视频（Stereoscopic Video）：是针对人的左右两眼送出略微不同的视频以营造立体物的感觉。由于两组视频画面是混合在一起的，所以直接观看时会觉得模糊不清或颜色不正确，必须借由遮色片或特制眼镜才能呈现其效果。

22. 视频的相关计算
- 画面更新率（Frame Rate）：也称为帧率，是指视频格式每秒钟播放的静态画面数量。
- 视频图像文件每秒数据量（单位：字节 B）：

$$S（不压缩）= 图像分辨率（像素）×彩色深度（位）×帧率/8$$

23. 视频文件格式
- 影像文件格式。
    ◆ AVI（.AVI）：AVI（Audio Video Interleaved）是音频视频交互的英文缩写，该格式的文件是一种不需要专门的硬件支持就能实现音频与视频压缩处理、播放和存储的文件。
    ◆ MPEG（.MPEG、.MPG、.DAT）：MPEG 文件格式是运动图像压缩算法的国际标准。MPEG 标准包括 MPEG 视频、MPEG 音频和 MPEG 系统（视频、音频同步）3 个部分。
    ◆ ASF 格式：ASF 是 Advanced Streaming Format 的英文缩写，它是 Microsoft 公司的影像文件格式，是 Windows Media Service 的核心。ASF 是一种数据格式，音频、视频、图像以及控制命令脚本等多媒体信息通过这种格式，以网络数据包的形式传输，实现流式多媒体内容发布。
    ◆ WMV 格式：它的英文全称为 Windows Media Video，也是 Microsoft 推出的一种采用独立编码方式并可以直接在网上实时观看视频节目的文件压缩格式。
    ◆ RM 格式：RM 是 Real Media 的缩写，它是 Real Networks 公司开发的视频文件格式，也是出现最早的视频流格式。它可以是离散的单个文件，也可以是一个视频流。
    ◆ MOV 格式：这是著名的美国苹果（Apple）公司开发的一种视频格式，默认的播放器是苹果的 QuickTime Player，几乎所有的操作系统都支持。
- 动画文件格式。
    ◆ GIF（.GIF）：GIF（Graphics Interchange Format）是图形交换格式的英文缩写，主要用于图像文件的网络传输。
    ◆ SWF：SWF 是基于 Adobe 公司 Shockwave 技术的流式动画格式。SWF 文件是 Flash 的一种发布格式，广泛用于 Internet 上，客户端浏览器安装 Shockwave 插件即可播放。
    ◆ Flic（.FLI、.FLC）：Flic 文件是 Autodesk 公司在其出品的 2D、3D 动画制作软件中采用的动画文件格式。

24. 多媒体应用工具
- 图像编辑器 ACDSee。ACDSee 是目前流行的数字图像处理软件。它可以浏览图像，几乎支持目前 Windows 平台上所有的图像格式，ACDSee 能编辑图像，批量转换 10 余种最常用的图像格式，批量编辑图像文件的解析度、色彩等，可直接浏览压缩包中的文件，快速地将多个图像文件作为邮件附件发送。
- 常用 Windows 音频工具。
    - 音频处理软件 Real Player，支持播放各种在线媒体视频，包括 Flash 格式、FLV 格式或者 MOV 格式等，并且在播放过程中能录制视频。同时还加入了在线视频的一键下载功能到浏览器中，能够下载在线视频到本地硬盘上离线观看，而且还加入了 DVD/VCD 视频刻录的功能。
    - Media Player 是微软公司开发的媒体播放软件，是一个全能的网络多媒体播放器，不仅能播放 WAV、MID、MP3、MPG、AVI、ASF、WMV 等文件，而且还支持 DVD 及最新的 MP4 格式的文件。

第4小时
计算机系统基础知识练习题

1. 关于主板的叙述，不正确的是（　　）。
   A．主板的可扩展性决定了计算机系统的升级能力
   B．已安装在主板上的 CPU 不能进行更换
   C．主板是构成计算机系统的基础
   D．主板的性能决定了所插部件性能的发挥
   答案：B

2. 关于矢量图的说法，不正确的是（　　）。
   A．计算机辅助设计（CAD）系统中常用矢量图来描述十分复杂的几何图形
   B．是根据几何特性来绘制的
   C．图形的元素是一些点、直线、弧线等
   D．图形任意放大或者缩小后，清晰度会明显变化
   答案：D

3. RISC 是（　　）的简称。
   A．精简指令系统计算机　　　　　　B．数字逻辑电路
   C．复杂指令计算机　　　　　　　　D．大规模集成电路
   答案：A

4. 操作系统、通用的数据库系统、办公软件等统称（　　）。
   A．基础软件　　B．应用软件　　C．支撑软件　　D．系统软件
   答案：A

5. 图像数字化是将连续色调的模拟图像经采样量化后转换成数字影像的过程。以下描述不正确的是（　　）。
   A．把模拟图像转变成电子信号，随后才将其转换成数字图像信号

B．图像的数字化过程主要分采样、量化与编码3个步骤

C．数字图像便于通过网络分享、传播

D．量化的结果是图像容纳的像素点总数，它反映了采样的质量

答案：D

6．硒鼓和墨粉是（　　）的消耗品。
    A．喷墨打印机　　B．针式打印机　　C．激光打印机　　D．行式打印机
    答案：C

7．Windows 7中录音机录制的声音文件默认的扩展名为（　　）。
    A．RM　　B．MP3　　C．WMA　　D．WAV
    答案：D

8．（　　）是运算器和控制器的合称。
    A．中央控制器　　B．外设　　C．主机　　D．总线控制器
    答案：A

9．软件发行后，还会不定期发布补丁。一般来说，补丁程序解决的问题不包括（　　）。
    A．不安全因素　　　　　　　　B．某些功能缺陷
    C．功能需要扩展　　　　　　　D．软件中的错误
    答案：C

10．企业数字化转型是指企业在数字经济环境下，利用数字化技术实现业务的转型、创新和增长。企业数字化转型的措施不包括（　　）。
    A．研究开发新的数字化产品和服务　　B．创新客户体验，提高客户满意度
    C．重塑供应链和分销链，去中介化　　D．按不断增长的数字指标组织生产
    答案：D

11．为支持各级管理决策，信息处理部门提供的数据不能过于简化，也不能过于烦琐，不要提供大量不相关的数据。这是信息处理的（　　）要求。
    A．准确性　　B．适用性　　C．经济性　　D．安全性
    答案：B

12．微处理器的性能指标不包括（　　）。
    A．主频　　B．字长　　C．存取周期　　D．Cache容量
    答案：D

13．显示器尺寸指的是显示器（　　）。
    A．外框宽度　　B．屏幕宽度　　C．屏幕高度　　D．屏幕对角线长度
    答案：D

14．以下文件格式中，（　　）是视频文件。
    A．WMV　　B．JPG　　C．MID　　D．BMP
    答案：A

15. 鼠标指针的形状取决于它所在的位置以及与其他屏幕元素的相互关系。在文字处理的文本区域，指针就像（　），指向当前待插入字符的位置。

　　A．指向左上方的箭头　　　　　　　B．双箭头

　　C．字母 I　　　　　　　　　　　　D．沙漏

　　答案：C

16. 以下关于计算机维护的叙述中，不正确的是（　）。

　　A．闪电或雷暴时应关闭计算机和外设

　　B．数据中心的 UPS 可在停电时提供备份电源

　　C．注意保持 PC 机和外设的清洁

　　D．磁场对电脑的运行没有影响

　　答案：D

17. 软件发生故障后，往往通过重新配置、重新安装或重启电脑后可以排除故障。软件故障的这一特点称为（　）。

　　A．功能性错误　　B．随机性　　　　C．隐蔽性　　　　D．可恢复性

　　答案：D

18. 微机 CPU 的主要性能指标不包括（　）。

　　A．主频　　　　　B．字长　　　　　C．芯片尺寸　　　D．运算速度

　　答案：C

19. I/O 设备表示（　）。

　　A．录音播放设备　　　　　　　　　B．输入输出设备

　　C．录像播放设备　　　　　　　　　D．扫描复印设备

　　答案：B

20. 以下设备中，（　）属于输出设备。

　　A．扫描仪　　　　B．键盘　　　　　C．鼠标　　　　　D．打印机

　　答案：D

21. （　）不属于基础软件。

　　A．操作系统　　　　　　　　　　　B．办公软件

　　C．计算机辅助设计软件　　　　　　D．通用数据库系统

　　答案：C

22. 以下文件类型中，（　）表示视频文件。

　　A．WAV　　　　　B．AVI　　　　　C．JPG　　　　　D．GIF

　　答案：B

23. 以下关于文件压缩的叙述中，不正确的是（　）。

　　A．文件压缩可以节省存储空间　　　B．文件压缩可以缩短传输时间

　　C．文件压缩默认进行加密保护　　　D．右击文件名可操作文件压缩或解压

答案：C

24. 以下操作中属于触摸屏的操作是（　　）。
    A．左键单击　　　　B．右键单击　　　　C．长按和滑动　　　　D．左右键双击
    答案：C

25. 黑屏是微机显示器常见的故障现象。发生黑屏时需要检查的项目不包括（　　）。
    A．检查显示器电源开关是否开启，电源线连接是否良好
    B．检查显示器信号线与机箱内显卡的连接是否良好
    C．检查显示器亮度、对比度等按钮是否调在正常位置
    D．检查操作系统与应用软件的输入输出功能是否正常
    答案：D

26. 计算机使用了一段时间后，系统磁盘空间不足，系统启动时间变长，系统响应延迟，应用程序运行缓慢，此时，需要对系统进行优化，（　　）不属于系统优化工作。
    A．清除系统垃圾文件　　　　　　　　B．升级操作系统和应用程序
    C．关闭不需要的系统服务　　　　　　D．禁用额外自动加载的程序
    答案：C

27. 使用扫描仪的注意事项中不包括（　　）。
    A．不要在扫描中途切断电源　　　　　B．不要在扫描中途移动扫描原件
    C．不要扫描带图片的纸质文件　　　　D．平时不用扫描仪时应切断电源
    答案：C

28. 计算机唯一能够直接识别和处理的语言是（　　）。
    A．机器语言　　　　B．汇编语言　　　　C．高级语言　　　　D．中级语言
    答案：A

29. （　　）接受每个用户的命令，采用时间片轮转方式处理服务请求，并通过交互方式在终端上向用户显示结果。
    A．批处理操作系统　　　　　　　　　B．分时操作系统
    C．实时操作系统　　　　　　　　　　D．网络操作系统
    答案：B

第5小时 操作系统知识

5.0 章节考点分析

【基础知识点】

第 5 小时主要学习操作系统的基础概念和相关界面，以 Windows 7 为例介绍其常见界面及使用，并介绍文件系统的相关概念及操作。本小时学习内容架构图如下：

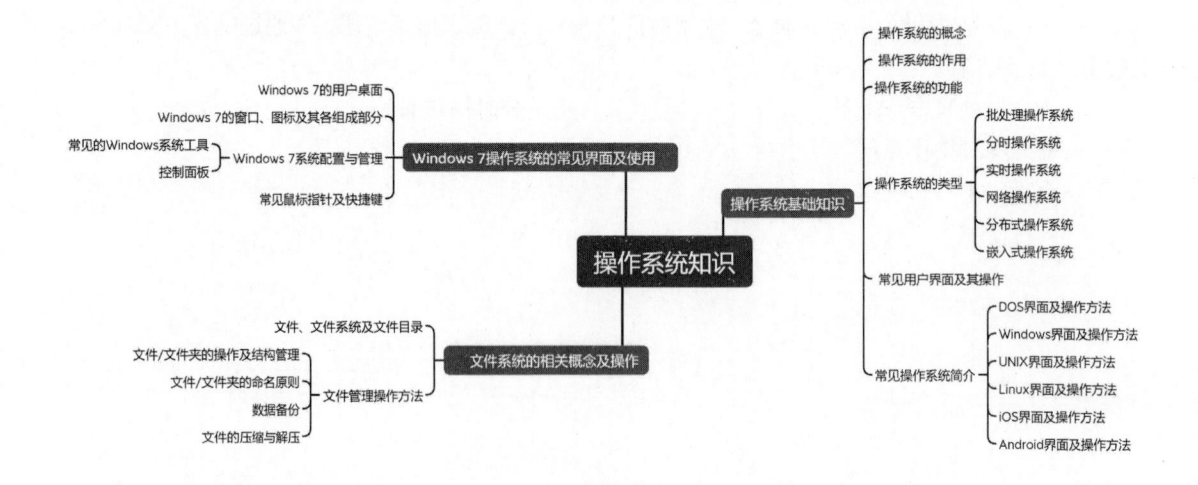

5.1 操作系统基础知识

【基础知识点】

1. 操作系统的概念

计算机一般由硬件系统和软件系统两部分组成，二者缺一不可。操作系统则是软件系统中不可或缺的核心部分。一般将没有配置操作系统和其他软件的电子计算机称为"裸机"。

操作系统（Operating System，OS）是管理和控制计算机硬件与软件资源的计算机程序，是直接运行在"裸机"上的最基本的系统软件，任何其他软件都必须在操作系统的支持下才能运行。

操作系统是计算机系统中最为核心和必不可少的系统软件。操作系统是用户和计算机的接口，管理计算机的硬件及软件资源。

操作系统的功能包括管理计算机系统的硬件、软件及数据资源，控制程序运行，改善人机界面，为其他应用软件提供支持。

2. 操作系统的作用

操作系统的主要作用有以下两方面：①屏蔽硬件物理特性和操作细节，为用户使用计算机提供便利。简单地说，就是改善人机操作界面，为用户提供更加友好的使用环境；②有效管理系统资源，提高系统资源的使用效率。如何有效地管理、合理地分配系统资源，提高系统资源的使用效率是操作系统必须发挥的主要作用。

3. 操作系统的功能

操作系统的主要功能是资源管理、程序控制和人机交互等。

计算机系统的资源可分为设备资源和信息资源两大类：设备资源指的是组成计算机的硬件设备，如中央处理器、主存储器、磁盘存储器、打印机、磁带存储器、显示器、键盘输入设备和鼠标等；信息资源指的是存放于计算机内的各种数据，如文件、程序库、知识库、系统软件和应用软件等。

操作系统位于底层硬件与用户之间，是两者沟通的桥梁。用户可以通过操作系统的用户界面输入命令。操作系统则对命令进行解释，驱动硬件设备实现用户要求。功能包括：进程管理（Processing Management）、内存管理（Memory Management）、文件系统（File System）、网络通信（Networking）、安全机制（Security）、用户界面（User Interface）、驱动程序（Device Driver）。

4. 操作系统的类型

- 批处理操作系统。批处理操作系统由单道批处理系统（又称简单批处理系统）和多道批处理系统组成。

单道批处理系统：用户一次可以提交多个作业，但系统一次只处理一个作业，处理完一个作业后，再调入下一个作业进行处理，系统资源的利用率不高。

多道批处理系统：把同一个批次的作业调入内存，存放在内存的不同部分，当一个作业由于等待输入输出操作而让处理机出现空闲时，系统自动进行切换，处理另一个作业，因此它提高了资源利用率。

其主要的特点为不需人工干预进行批量处理。

- 分时操作系统。分时操作系统的特点是可有效增加资源的使用率。

分时操作系统将 CPU 的时间划分成若干片段，称为时间片。用户交互式地向系统提出命令请求，分时操作系统接受每个用户的命令，采用时间片轮转方式处理服务请求，并通过交互方式在终端上向用户显示结果。分时操作系统可有效增加资源的使用率。

其主要的特点为交互性、多路性、独立性、及时性。

- 实时操作系统。实时操作系统是指使计算机能及时响应外部事件的请求在规定的严格时间内完成对该事件的处理，并控制所有实时设备和实时任务协调一致地工作的操作系统。

实时操作系统要追求的目标是：对外部请求在严格时间范围内做出反应，有高可靠性和完整性。

其主要的特点是资源的分配和调度首先要考虑实时性，而后才是效率。

- 网络操作系统。网络操作系统是通常运行在服务器上的操作系统，是基于计算机网络，在各种计算机操作系统上按网络体系结构协议标准开发的软件，包括网络管理、通信、安全、资源共享和各种网络应用。

其主要的特点是与网络的硬件相结合来完成网络的通信任务。

- 分布式操作系统。分布式操作系统是为分布计算系统配置的操作系统。大量的计算机通过网络被连接在一起，可以获得极高的运算能力及广泛的数据共享。

分布式操作系统是网络操作系统的更高形式，它保持了网络操作系统的全部功能，而且还具有透明性、可靠性和高性能等。

- 嵌入式操作系统。嵌入式操作系统是嵌入式系统的操作系统。

嵌入式操作系统是一种用途广泛的系统软件，通常包括与硬件相关的底层驱动软件、系统内核、设备驱动接口、通信协议、图形界面、标准化浏览器等。

嵌入式操作系统负责嵌入式系统的全部软、硬件资源的分配、任务调度，控制、协调并发活动。

5. 常见用户界面及其操作

目前较常见的操作系统的用户界面主要分为字符类界面和图形类界面两大类，其中，图形类界面因其直观易懂、界面友好更容易被普通用户所接受而普及。随着智能技术的发展，智能界面将是下一步的发展方向。

目前较常见的操作系统的操作方式主要包括命令行操作、键盘鼠标操作、触控操作、手势操作、语音操作等几大类。

6. 常见操作系统介绍

- DOS 界面及操作方法。

系统简介：DOS 是磁盘操作系统的缩写，是个人计算机上的一类操作系统。它是一个单用户单任务的操作系统。

系统界面：DOS 操作系统的操作界面为黑色底白色字的文字界面。

操作方法：在 DOS 操作系统中主要是使用各种命令来完成各种功能及任务的操作。例如，使用 dir 命令来进行目录名或文件名的查询，使用 format 命令来对磁盘进行格式化等。

- Windows 界面及操作方法。

系统简介：Microsoft Windows 是美国微软公司研发的一套操作系统，它问世于 1985 年，是个人计算机上第一个可视化图形界面的操作系统。

系统界面：Windows 操作系统的操作界面为可视化图形界面。

操作方法：Windows 操作系统最主要的使用方法就是鼠标操作，可对看到的所有对象（桌面、图标、文件及文件夹等）进行鼠标左键或右键的操作，其中鼠标的基本操作为指向、单击、双击、拖曳、右击等。另外，也可用键盘上的某些组合键与快捷键来操作一些功能。

- UNIX 界面及操作方法。

系统简介：UNIX 操作系统是多用户、多任务操作系统，支持多种处理器架构系统。

系统界面：UNIX 操作系统界面是基于命令行的操作系统，和黑底白字的 DOS 类似，可以搭建桌面环境的图形操作界面。

操作方法：UNIX 系统主要有两种操作方式：①通过键盘写命令对操作系统进行操作；②通过安装 GUI 插件可以实现类似于 Windows 系统一样的操作方式，这种操作方式更易于用户接受。

- Linux 界面及操作方法。

系统简介：Linux 操作系统诞生于 1991 年，是一套类 UNIX 操作系统。Linux 可安装在各种计算机硬件设备中，如手机、平板电脑、路由器、视频游戏控制台、台式计算机、大型机和超级计算机。其主要特性为完全免费、完全兼容 POSIX1.0 标准、多任务多用户、界面友好、支持多种硬件平台。

系统界面：Linux 系统界面分为图形界面和命令行界面两种。桌面环境包括窗口管理器和桌面壁纸，适用于桌面用户。窗口管理器更轻量级和灵活，适用于不需要过多额外功能的用户。命令行界面是服务器管理和开发人员常用的界面。无论采用哪种界面，灵活性、可定制性和直观性都是重要的优点。

操作方法：Linux 操作系统是一种类 UNIX 操作系统，所以操作方法同 UNIX 操作系统。

- iOS 界面及操作方法。

系统简介：iOS 是由苹果公司开发的移动操作系统，于 2007 年 1 月 9 日在 Macworld 大会上公布。最初是设计给 iPhone 使用的，后来陆续套用到 iPod touch、iPad 以及 Apple TV 等产品上。iOS 属于类 UNIX 的商业操作系统。

操作方法：iOS 采用触控操作，在操作系统界面上对各种图标使用单击、连击、长按、滑动、缩放等触摸方式进行操作。其中一些操作内容可使用内置的语音命令系统完成操作。

- Android 界面及操作方法。

系统简介：Android 是由谷歌公司在 2007 年发布的一种基于 Linux 的自由及开放源代码的操作系统，主要使用于移动设备，如智能手机和平板电脑等。

操作方法：Android 操作系统的操作方法类同于 iOS 操作系统。

5.2　Windows 7 操作系统的常见界面及使用

【基础知识点】

1. 桌面环境的组成

登录 Windows 7 后最先出现在屏幕上的整个区域即称为"Windows 系统桌面",也可简称"桌面"。其主要由桌面图标、任务栏、开始菜单、桌面背景等部分组成。

(1) 桌面图标。最常见的有计算机、回收站和网络等图标。

1) 计算机:用户通过该图标可以实现对计算机硬盘驱动器、文件夹和文件的管理,在其中用户可以访问连接到计算机的硬盘驱动器、照相机、扫描仪和其他硬件以及有关信息。

2) 回收站:回收站保存了用户删除的文件、文件夹、图片、快捷方式和 Web 页等。这些项目将一直保留在回收站中,直到用户清空回收站。回收站所用空间是计算机硬盘空间的一部分。

3) 网络:用户通过该图标指向共享计算机、打印机和网络上其他资源的快捷方式。

(2) 任务栏。任务栏是位于桌面最下方的一个小长条,它显示了系统正在运行的程序、打开的窗口和当前时间等内容。用户通过任务栏可以完成工具栏设置、窗口排布、显示桌面、启动任务管理器、锁定任务栏及任务栏属性设置等操作。

(3) 开始菜单。开始菜单是 Windows 操作系统的重要标志。Windows 7 的开始菜单依然以原有的"开始"菜单为基础,但是有了许多新的改进,极大地改善了使用效果。

(4) 桌面背景。俗称为 Windows 桌布,用户可以根据喜好自行设置不同的图片为桌面背景。

2. 桌面的基本操作

(1) 新建:在 Windows 7 桌面上可新建图标、文件或文件夹等内容。如从系统中的其他位置拖动到桌面上;或在桌面空白处单击右键,在弹出的菜单中选择"新建",可新建快捷方式、文件或文件夹。

(2) 排列:在 Windows 7 桌面上,可以对桌面上的各种图标进行排列。排列方式有两种:一种是系统自动排列方式,系统会按照从上往下、从左往右的顺序对桌面上的所有图标进行自动排列;另一种是自由排列方式,可以用鼠标拖动图标到桌面的任意位置。

两种排列方式操作如下:鼠标右键单击桌面空白处,在弹出的菜单中选择"查看","自动排列图标"前的方框勾选则为系统自动排列方式(取消勾选则为自由排列方式)。

(3) 选择:在 Windows 7 操作系统中,可以通过鼠标和键盘来选择某个或多个文件或文件夹。

选择单个文件(文件夹):用鼠标左键单击该文件(文件夹)。

选择连续的多个文件(文件夹):按住鼠标左键不放框选一片区域(将要选择的文件全部包含在内);或用鼠标左键单击位置排第一的文件(文件夹),按住"Shift"键不放,鼠标左键点选位置排最后的文件(文件夹)。这时会同时把位置第一到位置最后的文件(文件夹)区域中的所有文件(文件夹)共同选中。

选择不连续的多个文件(文件夹):用鼠标左键单击位置排第一的文件(文件夹),按住"Ctrl"

键不放，鼠标左键点选需同时选择的其他的文件（文件夹）。这时就会在前面选中的文件（文件夹）基础上增加新选择的文件（文件夹）。

选择当前全部文件（文件夹）：按键盘上的"Ctrl"+"A"键。

（4）打开（执行）：在 Windows 7 中，可以通过鼠标的左键来打开或执行某个文件、文件夹或图标。通常的操作方式为鼠标左键双击桌面图标（文件或文件夹），或用鼠标左键单击开始菜单中的内容（任务栏中的图标或程序）。

（5）设置：在 Windows 7 桌面上可以通过鼠标右键单击空白处对桌面背景等进行设置或鼠标右键单击某个图标（某个文件或文件夹）来进行相关操作的设置。

3. Windows 7 的窗口及组成

标题栏：在 Windows 7 中，标题栏位于窗口的最顶端，不显示任何标题，而在最右端有"最小化""最大化/还原""关闭"三个按钮，用来执行改变窗口的大小和关闭窗口操作。用户还可以通过用鼠标左键按住标题栏来移动窗口。

（1）地址栏：其类似于网页中的地址栏，用来显示和输入当前窗口地址。用户也可以单击右侧的下拉按钮，在弹出的列表中选择路径，给快速浏览文件带来了方便。

（2）搜索栏：窗口右上角的搜索栏主要是用于搜索计算机中的各种文件。

（3）工具栏：给用户提供了一些基本的工具和菜单任务。

（4）导航窗格：在窗口的左侧，它提供了文件夹列表，并且以树型结构显示给用户，帮助用户迅速定位所需的目标。

（5）窗口主体：在窗口的右侧，它显示窗口中的主要内容，例如不同的文件夹和磁盘驱动等。

（6）详细信息窗格：用于显示当前操作的状态即提示信息，或者当前用户选定对象的详细信息。

4. Windows 7 窗口的基本操作

（1）调整窗口的大小：在 Windows 7 中，用户不但可以通过标题栏最右端的"最小化""最大化/还原"按钮来改变窗口的大小，而且可以通过鼠标来改变窗口的大小。鼠标悬停在窗口边框的位置，鼠标指针变成双向箭头，按住鼠标左键进行拖曳即可调整窗口的大小。

（2）多窗口排列：用户在使用计算机时，打开了多个窗口，而且需要它们全部处于显示状态，那么就涉及排列问题。Windows 7 提供了 3 种排列方式：层叠方式、横向平铺方式、纵向平铺方式，右键单击任务栏的空白区弹出一个快捷菜单。

（3）多窗口切换预览：用户在日常使用计算机时，桌面上常常会打开多个窗口，那么用户可以通过多窗口切换预览的方法找到自己需要的窗口。

5. Windows 7 的图标

（1）文件或文件夹图标：文件是一组信息的集合体，是系统中可操作的基本组成单位。文件夹就是存放多个文件的一个磁盘上的空间。

（2）系统功能图标：Windows 7 系统自带的一些功能入口。

（3）快捷方式图标：快捷方式只是一个指向地址，指向某具体文件或文件夹，删除快捷方式不会影响其本体文件或文件夹。快捷方式图标的特点为其左下角有个 45°斜向上的箭头。

6. 常见的 Windows 系统工具

在 Windows 7 中，可以在"开始"菜单→"所有工具"→"附件"→"系统工具"中看到常用的系统工具：

- Internet Explorer（无加载项）：启动无 ActiveX 控件或浏览器扩展的 Internet Explorer。
- Windows 轻松传送：将文件和设置从一台计算机传送到另一台计算机。
- Windows 轻松传送报告：查看已执行的传送报告。
- 磁盘清理：清除磁盘上不需要的文件。
- 磁盘碎片整理程序：对磁盘进行碎片整理，使计算机运行得更快、更有效率。
- 计算机：查看连接到计算机的磁盘驱动器和其他硬件。
- 控制面板：更改计算机的设置并自定义其功能。
- 任务计划程序：安排自动运行的任务。
- 系统还原：将系统还原到选定的还原点。
- 系统信息：显示关于计算机的详细信息。
- 专用字符编辑程序：使用"字符编辑程序"修改字符如何显示在屏幕上。
- 资源监视器：实时监测 CPU、磁盘、网络及内存资源的使用情况和性能。
- 字符映射表：选择特殊字符并复制到文档中。

7. 控制面板

在 Windows 中，控制面板是一个比较重要的区域，它允许用户查看并操作 Windows 基本的系统设置，来改进用户对 Windows 系统的体验。

打开控制面板的方式一般为：用鼠标左键单击"开始"菜单→"控制面板"：

- 系统：查看并更改基本的系统设置，如编辑位于工作组中的计算机名、管理并配置硬件设备及启用（关闭）自动更新等。
- 用户账户：允许用户控制使用系统中的用户账户。如果用户拥有必要的权限，还可给另一个用户（管理员）提供权限或撤回权限，添加、移除或配置用户账户等。
- 程序和功能：允许用户从系统中添加或删除程序、添加或删除系统组件等。
- 个性化：加载允许用户改变计算机显示设置，如桌面壁纸、屏幕保护程序、显示分辨率等的显示属性窗口。
- 区域和语言：可改变多种区域设置，如数字显示的方式、默认的货币符号、时间和日期符号及输入法相关设置等。
- 日期和时间：允许用户更改计算机中的日期和时间，更改时区，并通过 Internet 时间服务器同步日期和时间。
- 网络与共享中心：显示并允许用户修改或添加网络连接，更改网络适配器相关设置并对系统共享权限进行设置。
- 性能信息和工具：查看系统的一些关键信息，例如显示当前的硬件指数，调整视觉效果，调整索引选项，调整电源设置及打开磁盘清理等。
- 管理工具：包含为系统管理员提供的多种工具，包括安全、性能和服务配置。

8. 常见鼠标指针

鼠标指针指向屏幕的不同部位时，指针的形状会有所不同。此外，有些命令也会改变鼠标指针的形状。鼠标操作对象不同，鼠标指针形状也不同。

9. 常见快捷键

- Delete（Del）：删除被选择的项目，将被放入回收站。
- Enter：执行（确认）选中的目标。
- CapsLock：大写锁定键，激活后键盘输入的所有英文字母为大写字母。
- Shift：转换键，某些按键上有上下两个符号时，在按住 Shift 键的同时按此键，可输入此类按键的上面的符号；直接敲击此按键，输入此类按键的下面的符号。
- NumLock（NmLk）：副键盘（右侧小键盘）中数字键盘的开关。
- Print Screen（PrtScr）：系统截图键，可对整个屏幕进行截图，需将内容在画图等其他程序中进行粘贴以输出显示。
- Shift+Delete：删除被选择的目标项目时，将被直接删除而不是放入回收站。
- Alt+F4：关闭当前应用程序。
- Alt+Tab：切换当前窗口（程序）。
- Ctrl+C：复制。
- Ctrl+X：剪切。
- Ctrl+V：粘贴。
- Ctrl+Z：撤销。
- Ctrl+Esc：打开"开始"菜单。
- Ctrl+空格：系统默认的打开/关闭输入法（用户可自行更改设置）。
- Ctrl+Shift：系统默认的切换输入法（用户可自行更改设置）。

5.3 文件系统的相关概念及操作

【基础知识点】

1. 文件

文件是存储在储存设备中的一段数据流，并且归属于计算机文件系统管理之下。一个完整的文件名由主文件名和文件扩展名（类型名）共同构成，主文件名和文件扩展名中间以点加以连接，如"文件.txt"。

2. 文件系统

操作系统中负责管理和存储文件信息的部分称为文件系统，或者称为文件管理系统。

信息存储是指对所采集的信息进行科学有序地存放、保管以便使用的过程。它包括三层含义：

一是将所采集的信息按照一定的规则记录在相应的信息载体上；二是将这些信息载体按照一定的特征和内容性质组成系统有序的、可供检索的集合；三是应用计算机等先进技术和手段提高存储的效率和信息利用水平。

3. 文件目录

文件目录：又称文件夹，是操作系统为了方便文件的管理与归类，建立的一个可以命名和移动的存储多个文件的空间（索引）。

4. 文件路径

文件路径：查找文件夹中的某个文件（夹）时，必须先指明在哪个分区、哪个文件夹中查找，这就是文件路径，通过它可以说明指定文件（夹）的存储位置。文件路径分为绝对路径和相对路径。

绝对路径：从根文件夹开始到目标文件（夹）所经过的各级文件夹的路径关系。

相对路径：从当前文件夹开始到目标文件（夹）所经过的各级文件夹的路径关系。

5. 常见文件类型

- EXE：可执行文件。
- COM：命令文件。
- BAT：批处理文件。
- TXT：文本文档。
- PDF：Adobe PDF 文档文件。
- DOC/DOCX：Office Word 文件。
- XLS/XLSX：Office Excel 文件。
- PPT/PPTX：Office PPT 文件。
- MDB/MDBX：Office Access 文件。
- HLP：帮助文件。
- ISO：镜像文件。
- HTML：网页文件。
- JPG/JPEG：图片文件。
- GIF：动态图片文件。
- ZIP/RAR：压缩文件。
- MP3：音频文件。
- MP4：视频文件。
- RM/RMVB：视频文件。
- AVI：视频文件。
- C/JAVA/ASM：语言源程序文件。

6. 文件/文件夹的操作及结构管理

（1）文件/文件夹的新建：在 Windows 7 中桌面/磁盘分区/文件夹的空白处单击鼠标右键，在"新建"快捷菜单中选择需要建立的文件夹或文件。

（2）文件/文件夹的重命名：在需要重命名的文件或文件夹上单击鼠标右键，选择"重命名"，文件或文件夹的名称会变成可编辑状态，此时可进行文件或文件夹的改名。

（3）文件/文件夹的复制：在需要复制的文件或文件夹上单击右键，选择"复制"，然后至需要复制到的磁盘位置，在空白处单击右键，选择"粘贴"。即可将所选文件或文件夹复制至指定的位置。

（4）文件/文件夹的移动：选择需要移动的文件或文件夹，单击右键，选择"剪切"，然后至需要移动到的磁盘位置，在空白处单击右键，选择"粘贴"。即可将所选文件或文件夹移动至指定的位置。

7. 文件/文件夹的命名原则

在早期的 DOS 操作系统中，主文件名由 1~8 个字符组成，扩展名由 1~3 个字符组成。而在 Windows 操作系统中，突破了 DOS 对文件命名规则的限制，允许使用长文件名，其主要命名规则如下：

（1）主文件名最长可以使用 255 个字符。

（2）可使用扩展名，扩展名用来表示文件类型，也可以使用多间隔符的扩展名。

（3）文件名中允许使用空格，但不允许使用下列字符（英文输入法状态）：？*"：\/<>（）。

（4）Windows 操作系统对文件名中字母的大小写在显示时有不同，但在使用时不区分大小写。

8. 数据备份

数据备份可根据备份的数据量大小、重要性等因素分为同（异）硬盘备份、U（光）盘备份或网络云盘备份，也可使用软件对制定的文件夹或磁盘分区进行自动备份。

9. 文件的压缩与解压

将 1 个或多个文件通过压缩软件压缩成 1 个文件的过程叫文件的压缩，压缩成的文件叫压缩文件或压缩包。要使用这些文件，需要通过解压软件先对压缩文件进行解压缩还原。

压缩文件的优点是可减少存储所占的空间,或将多个文件打包成一个文件方便于对文件的归类或管理。

常见的压缩格式有 zip 或 rar 等，常用的压缩软件有 Winzip、Winrar、360 压缩等，但绝大多数压缩（解压缩）软件都兼容 zip 和 rar 压缩格式。

第6小时

操作系统知识练习题

1. 在显示文件目录的资源管理器中，不能对文件进行（　　）操作。
   A. 合并　　　　　B. 剪切　　　　　C. 删除　　　　　D. 复制
   答案：A

2. （　　）是一种网络客户端软件，它能显示网页，并实现网页之间的超链接。
   A. 操作系统　　　B. 电子邮件　　　C. 浏览器　　　　D. WPS
   答案：C

3. 软件运行时使用了不该使用的命令导致软件出现故障，这种故障属于（　　）。
   A. 配置性故障　　B. 兼容性故障　　C. 操作性故障　　D. 冲突性故障
   答案：C

4. 纸张与（　　）是使用喷墨打印机所需的消耗品。
   A. 色带　　　　　B. 墨盒　　　　　C. 硒鼓　　　　　D. 碳粉
   答案：B

5. Windows 7 控制面板中，可通过（　　）查看系统的一些关键信息，并可进行调整视觉效果、调整索引选项、调整电源设置及打开磁盘清理等操作。
   A. 程序和功能　　　　　　　　　　B. 个性化
   C. 性能信息和工具　　　　　　　　D. 管理工具
   答案：C

6. 以下关于 Windows 7 文件名的叙述中，（　　）是正确的。
   A. 文件名中间可包含换行符　　　　B. 文件名中可以有多种字体
   C. 文件名中可以有多种字号　　　　D. 文件名中可以有汉字和字母
   答案：D

7. 在 Windows 7 中运行终止某个正在持续运行且没有互动反应的应用程序，可使用

Ctrl+Alt+Del 启动（　　），选择指定的进程和应用程序，结束其任务。

　　A．引导程序　　　　B．控制面板　　　　C．任务管理器　　　　D．资源管理器

　　答案：C

8．在控制面板中，（　　）可以查看系统的一些关键信息，如显示当前的硬件参数、调整视觉效果、调整索引选项、调整电源设置及磁盘清理等。

　　A．程序和功能　　　　　　　　　　　B．个性化

　　C．性能信息和工具　　　　　　　　　D．默认程序

　　答案：C

9．Windows 7 不能将信息传送到剪贴板的方法是（　　）。

　　A．用"复制"命令把选定的对象送到剪贴板

　　B．用"剪切"命令把选定的对象送到剪贴板

　　C．用 Ctrl+V 把选定的对象送到剪贴板

　　D．Alt+PrintScreen 把当前窗口送到剪贴板

　　答案：C

10．计算机操作系统的功能不包括（　　）。

　　A．管理计算机系统的资源　　　　　　B．调度控制程序的应用程序

　　C．实现用户之间的相互交流　　　　　D．方便用户操作

　　答案：C

11．Windows 控制面板的功能不包括（　　）。

　　A．选择设置屏幕分辨率　　　　　　　B．卸载不再需要的应用程序

　　C．升级操作系统版本　　　　　　　　D．查看网络状态和任务

　　答案：C

12．"Windows 是一个多任务操作系统"指的是（　　）。

　　A．Windows 可运行多种类型各异的应用程序

　　B．Windows 可供多个用户同时使用

　　C．Windows 可同时运行多个应用程序

　　D．Windows 可同时管理多种资源

　　答案：C

13．在 Windows 7 中，磁盘文件类型可以根据（　　）来识别。

　　A．文件的大小　　　　　　　　　　　B．文件的用途

　　C．文件的拓展名　　　　　　　　　　D．文件的存放位置

　　答案：C

14．在 Windows 7 系统中，控制面板的功能不包括（　　）。

　　A．设置系统有关部分的参数　　　　　C．新建、管理和删除文件

　　B．查看系统各部分的属性　　　　　　D．为打印机安装驱动程序

答案：C

15．Windows 7中文件名不允许使用（　　）。
　　A．符号"/"　　　　　　　　　　　　B．符号"-"
　　C．符号"."　　　　　　　　　　　　D．符号"（"和"）"
　　答案：A

16．Windows系统运行时，默认情况下，当屏幕上的鼠标变成（　　）时，单击该处就可以实现超级链接。
　　A．箭头　　　B．双向箭头　　　C．沙漏　　　D．手形
　　答案：D

17．Windows系统中，"复制"和"粘贴"操作常用快捷键（　　）来实现。
　　A．Ctrl+C和Ctrl+V　　　　　　　B．Shift+C和Shift+V
　　C．Ctrl+F和Ctrl+T　　　　　　　D．Shift+F和Shift+T
　　答案：A

18．在Windows系统的资源管理器中，文件不能按（　　）来排序显示。
　　A．名称　　　B．类型　　　C．属性　　　D．修改日期
　　答案：C

19．微型计算机使用了一段时间后，出现了以下一些现象，除了（　　）以外，需要对系统进行优化。
　　A．系统盘空间不足　　　　　　　　B．系统启动时间过长
　　C．系统响应迟钝　　　　　　　　　D．保存的文件越来越多
　　答案：D

20．对系统进行手工优化的工作不包括（　　），人们还常用系统优化工具优化。
　　A．禁用多余的自动加载程序　　　　B．删除多余的设备驱动程序
　　C．终止没有响应的进程　　　　　　D．磁盘清理和整理磁盘碎片
　　答案：C

21．计算机维护的注意事项中不包括（　　）。
　　A．不要带电拔插元器件　　　　　　B．防尘防脏
　　C．要定期送维修店检查　　　　　　D．防潮防水
　　答案：C

22．在Windows 7中，"写字板"和"记事本"软件所编辑的文档（　　）。
　　A．均可通过剪切、复制和粘贴与其他Windows应用程序交换信息
　　B．只有写字板可通过剪切、复制和粘贴与其他Windows应用程序交换信息
　　C．只有记事本可通过剪切、复制和粘贴与其他Windows应用程序交换信息
　　D．两者均不能与其他Windows应用程序交换信息
　　答案：A

23. 下列关于快捷方式的叙述中，不正确的是（　　）。
    A．快捷方式会改编程序或文档在磁盘上的存放位置
    B．快捷方式提供了对常用程序或文档的访问捷径
    C．快捷方式图标的左下角有一个小箭头
    D．删除快捷方式不会对源程序或文档产生影响
    答案：A

24. 在 Windows 7 中，关于文件夹的描述，不正确的是（　　）。
    A．文件夹是用来组织和管理文件的　　B．"计算机"是一个系统文件夹
    C．文件夹中可以存放驱动程序文件　　D．同一文件夹中可以存放两个同名文件
    答案：D

25. 文件 ABC.bmp 存放在 F 盘的 T 文件夹中的 G 子文件夹下，它的完整文件标识符是（　　）。
    A．F:\T\G\ABC　　　　　　　　　　B．T:\ABC.bmp
    C．F:\T\G\ABC.bmp　　　　　　　　D．F:\T:\ABC.bmp
    答案：C

26. 在 Windows 7 中，剪贴板是用来在程序和文件间传递信息的临时存储区，此存储区是（　　）。
    A．回收站的一部分　　　　　　　　B．硬盘的一部分
    C．内存的一部分　　　　　　　　　D．显存的一部分
    答案：C

第 7 小时
文字处理（上）

7.0 章节考点分析

第 7~8 小时主要学习文字的排版与编辑、表格的制作、图形的应用、邮件合并以及文字处理的综合应用等基本概念和使用方法，并通过案例展现使用文字处理软件进行文字处理的一般思路和操作方法。本小时学习内容架构图如下：

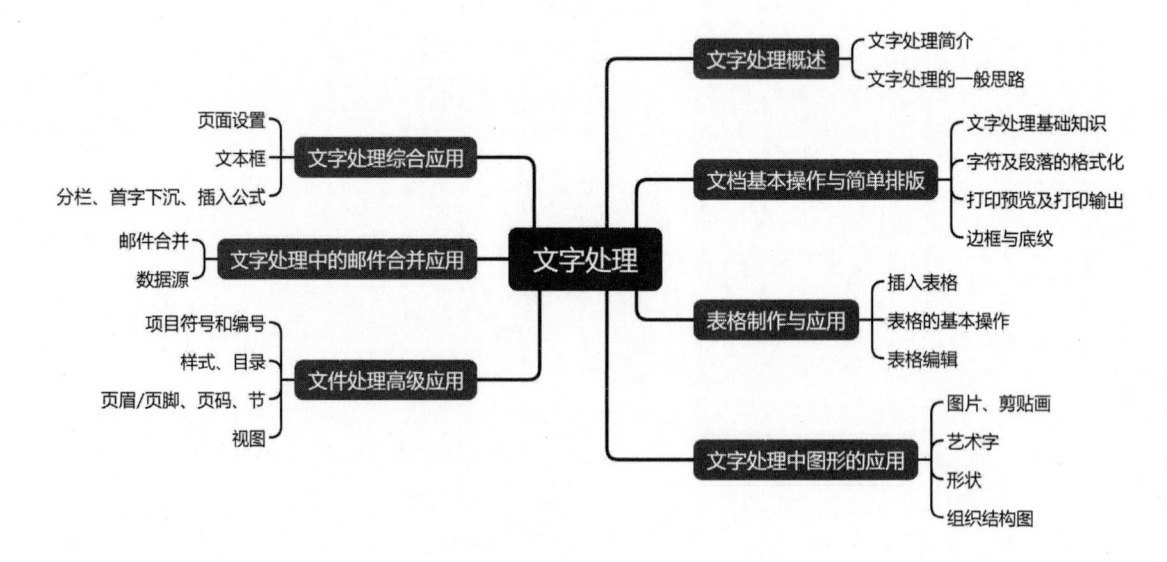

```
                                          ┌── 文字处理简介
                          ┌─ 文字处理概述 ─┤
                          │                └── 文字处理的一般思路
                          │
          页面设置         │                  ┌── 文字处理基础知识
          文本框   ┐       │                  ├── 字符及段落的格式化
                   ├ 文字处理综合应用 ─┐      ├── 打印预览及打印输出
   分栏、首字下沉、插入公式         │      └── 边框与底纹
                                      ├─ 文档基本操作与简单排版 ─┤
          邮件合并 ┐                   │
                   ├ 文字处理中的邮件合并应用 ──┤ 文字处理 ├── 表格制作与应用
          数据源                      │                    ├── 插入表格
                                      │                    ├── 表格的基本操作
          项目符号和编号 ┐            │                    └── 表格编辑
          样式、目录     ├ 文件处理高级应用 ─┤
          页眉/页脚、页码、节         │                    ┌── 图片、剪贴画
          视图                        └─ 文字处理中图形的应用 ─┤ 艺术字
                                                               ├── 形状
                                                               └── 组织结构图
```

7.1 文字处理概述

【基础知识点】

1. 文字处理简介

无论是金山 WPS 还是 Microsoft Word 都是其各自 Office 办公软件中十分重要的一个组成部分，都有着强大的文字处理能力。它们是集文字处理、表格处理、图文排版于一体的办公软件，汇集了各种对象的处理工具，使得对文字、图形的处理都更加得心应手，利用它们还可更轻松、高效地组织和编写文档。

这两款文字处理软件不仅适用于各种书报、杂志、信函等文档的文字录入、编辑、排版，而且还可以对各种图像、表格、声音等文件进行处理，这对企业办公效率的提高有非常大的帮助。

2. 文字处理的一般思路

文字处理软件处理的对象主要是文字，当然也包括表格、图片等其他对象，但是不管处理哪一种对象，都必须遵循先选定"操作对象"，再选择具体"操作命令"的方式进行。利用文字处理软件处理文件时的一般思路如下。

- 创建文档。
- 录入文档内容。
- 进行字体、段落、页面等格式设置。
- 保存文档。
- 打印输出文档。

7.2 文档基本操作与简单排版

【基础知识点】

1. 文字处理基础知识

（1）工作界面。启动文字处理软件后，屏幕上就会出现其工作界面。不管是 WPS 还是 Word 文字处理软件，它们的工作界面基本是一致的，分别由标题栏、菜单选项、工具栏和状态栏等几个区域组成。

- 标题栏。标题栏位于屏幕窗口的顶端，其中会显示当前应用程序名以及本窗口所编辑的文档名。
- 菜单选项。在文字处理软件中，菜单选项主要包括"开始""插入""页面布局""引用""审阅""视图"等选项。
- 工具栏。通过工具按钮的操作，用户可以快速地执行使用频率最高的菜单命令，从而提高工作效率。
- 标尺。在"视图"菜单选项中提供了标尺的显示。标尺分为水平标尺和垂直标尺，使用它可以查看正文的宽度和高度，还可以通过标尺设置段落的缩进、左右页边距、制表位和栏宽。
- 编辑区。文本编辑区是文字处理文档录入与排版的区域。文字处理的文字、图片和表格等都显示在这个区域。
- 状态栏。状态栏位于整个窗口的底部。在状态栏中显示了当前的文档信息，例如当前文档处于文档的第几页，当前插入点位于该页的第几行、第几列等。

（2）文件管理。新建、打开、保存以及关闭，是文字处理软件中完成某项工作时必须要进行的基本操作。
- 新建空白文件。文字处理软件无论是 WPS 还是 Word 都提供了多种创建新文件的办法，方法大同小异，这里介绍两种文字处理软件共用的建立空白文件的方法。

方法 1：选择 WPS 文字处理软件左上角的菜单或者在 Word 文字处理软件窗口功能区中选择"文件"→"新建"命令。

方法 2：利用组合键 Ctrl+N。
- 打开文件。打开磁盘上已经保存的文件，可以通过以下几种方式实现。

方法 1：选择 WPS 文字处理软件左上角的菜单或者在 Word 文字处理软件窗口功能区中选择"文件"→"打开"命令。

方法 2：在 WPS 文字处理软件中也可以单击"快速访问"工具栏上的"打开"按钮。

方法 3：利用组合键 Ctrl+O。
- 保存文件。文件保存包括多种情况，如保存新建的文件，保存已有的文件，保存文件副本。
- 关闭文件。关闭已打开的文件，常用方法如下。

方法 1：标题栏右侧的"关闭"按钮。

方法 2：利用组合键 Alt+F4。

方法 3：选择 WPS 文字处理软件左上角的菜单或在 Word 文字处理软件窗口功能区中选择"文件"→"关闭"命令。

（3）文档编辑。在输入文本的过程中，会遇到选定文本、插入文本、删除文本、复制粘贴文本等基本问题。
- 文本的插入。

正常插入状态下插入文本只需将光标定位在插入点录入即可。

如遇输入特殊的符号时，先确定插入点的位置，然后使用"插入"选项卡→"符号"功能组区中的相应按钮，选择要输入的特殊符号。

若要将其他文档中的内容追加到正在编辑的文档中，可以使用"插入"选项卡→"文本"功能组区"对象"工具栏的扩展按钮，选择其中的"文件中的文字"命令。
- 文本的删除。

方法 1：使用键盘上的 Delete 键，每按一次 Delete 键将删除插入点之后的一个字符。

方法 2：使用键盘上的 Backspace 键（退格键），每按一次 Backspace 键将删除插入点之前的一

50

个字符。

方法 3：选中待删除内容，单击键盘上的 Delete 键或 Backspace 键。

- 文本选定。选择文本有两种方式，即鼠标选择和键盘选择。

方法 1：使用鼠标选择文本。拖动鼠标选择文本，这是最常用的也是最灵活的方法。用户如果想选择文本中一段内容，只需要按下鼠标左键从左至右地拖动覆盖住要选择的内容即可。

利用选定栏选择文本。在文档窗口左边界和正文左边界之间有一长方形的空白区域，称为选定栏。

利用选定栏可以进行多种选择文本的操作。

- 选定一行：将鼠标移动到要选定的行的左侧时，单击鼠标就可以选定此行文本。
- 选定多行：将鼠标移动到要选定的行的左侧时按下鼠标左键并拖动鼠标，至要选定的最后一行的左侧释放鼠标，即可完成对多行的选择。
- 选定整个段落：将鼠标移动到要选定段落，在选定栏中快速双击即可选定整个段落。
- 选定整篇文档：在选定栏中快速三击可以选定整篇文档。
- 鼠标选择的其他方法：如在段落中双击可以选定一个字或者一组词；在段落中三击可以选定整个段落；按下 Ctrl 键不放，单击可以选中一个句子；按下 Alt 键不放，再按下鼠标左键并拖动可以选定一列文本。

方法 2：使用键盘选择文本。键盘选择文本的方法，主要是通过 Ctrl、Shift 和方向键来实现。

- 复制与移动操作。在输入和编辑文本时，经常需要移动与复制文本。
  - 在当前窗口内。

    移动：将选中操作对象拖曳到目的位置。

    复制：Ctrl+拖曳。

    按住右键拖曳操作对象到目的位置。
  - 在不同页、文档、应用程序之间（先选中操作对象）。

移动：选择"开始"选项卡"剪切"+"粘贴"命令。

Ctrl+X 将选中文本剪切到剪贴板。

Ctrl+V 将剪贴板内容移动到目的位置。

复制：选择"开始"选项卡"复制"+"粘贴"命令。

Ctrl+C 将选中文本复制到剪贴板。

Ctrl+V 将选中文本复制到目的位置。

- 文本的查找。
  - 单击"开始"选项卡中的"查找"命令，或按下 Ctrl+F 组合键。
  - 单击"查找"选项卡，在"查找内容"文本框中输入要查找的内容，再单击"查找下一处"按钮，就可以查找到指定的内容。
- 文本的替换。
  - 单击"开始"选项卡中的"替换"命令，或按下 Ctrl + H 组合键。

- 在"查找和替换"对话框的"替换"选项卡的"查找内容"文本框中输入要查找的内容,在"替换为"文本框中输入要替换的内容,单击"替换"按钮将一项一项地替换,单击"全部替换"按钮将一次性全部替换。

2. 字符及段落的格式化

- 字符格式化。字符格式化包括对各种字符的大小、字体、字形、颜色、字符间距、字符之间的上下位置及文字效果等进行定义。
- 段落格式化。段落格式化包括对段落左右边界的定位、段落的对齐方式、缩进方式、行间距、段间距等进行定义。

段落的对齐方式有5种,分别为左对齐、右对齐、居中对齐、两端对齐和分散对齐。

缩进功能用来控制文本两端和文本编辑区边沿的距离。缩进的种类分为4种:左缩进、右缩进、首行缩进以及悬挂缩进。

行间距和段间距。行间距是修饰段落中行与行之间距离的效果。先选中要修改格式的段落,在"段落"→"间距"区域设置行间距的类型(段前距、段后距和行间距)及其间距度量值。

3. 制表位

制表位是一个对齐文本的有力工具,其作用是让文字向右移动一个特定的距离。因为制表位移动的距离是固定的,所以能够非常精确地对齐文本。

4. 边框与底纹

边框是指在文字、段落或者页面的四周添加一个矩形边框。底纹是指为文字或段落添加背景颜色。

5. 打印预览及打印输出

打印预览就是在正式打印之前,预先在屏幕上观察即将打印文件的打印效果,看是否符合设计要求,如果满意,就可以打印。文档的打印是进行文档处理工作的最终目的。

6. 保存文档

保存文档的三要素:文档名称、保存位置、保存类型。

"保存"与"另存为"的区别:新文档在做第一次保存时,"保存"与"另存为"没有区别,但对于已经保存过的文档做二次保存时,"保存"是保存到原先指定好的位置处,不弹出对话框,而"另存为"则会弹出对话框,目的是可以其他的文件名、类型、位置进行备份,并且在"另存为"对话框中单击"保存"按钮后原有的文档将自动被关闭,出现的文档是刚刚另存后的文档。

7. 打印文档

打印是文档输出的主要途径,不同的目的决定了不同的打印方式。

打印中首先要注意的是页面设置。文档的页面设置要尽量和打印用的纸张大小、方向一致。此外,需要进行一些必要的打印设置,比如选取对应的打印机,设置打印范围、打印份数以及缩放比例等。最好在输出打印之前,先使用"打印预览"功能,查看一下打印效果,调整不合适的地方。其次,要注意打印顺序以及打印页面的选择。如果是全部打印,通常不需要选择,默认就是全部页面。如果要打印其中的部分页面,则需要输入页码范围。比如,要打印第1~10页连续的页码，可以输入"1-10"；如要打印第 1、3、5 页不连续的多页，则需要输入"1,3,5"，即页码之间用逗号隔开。

8. 文档排版

文档排版主要包括字体格式、段落格式以及页面格式的设置等。字体格式设置中又包括字体、字号、字形、颜色、字符间距与缩放、添加边框和底纹等内容。段落格式设置包括了段落的对齐方式、段落缩进、段落间距与行距等。完成编辑工作后，先通过打印预览功能对其页面进行校验，预览后可输出打印。

文档排版需要注意以下问题：

- 如果要对已经输入的文字、段落进行格式化设置，必须先选定要设置的文本。
- 通过开始选项卡的字体、段落功能区可以实现字体、段落的基本设置。如果有进一步的复杂设置，则可通过字体、段落对话框来实现。
- 当需要使文档中某些字体或段落的格式相同时，可以使用格式刷来复制字体或段落的格式，这样既可以使排版风格一致，又可以提高排版效率。使用格式刷时，要了解单击、双击格式刷的不同作用。
- 当文档中的文字需要快速、精准对齐时，在水平方向可使用制表位，在垂直方向可以利用段落间距实现对文本的准确定位。

7.3　表格制作与应用

【基础知识点】

1. 表格的概念

表格以行和列的形式组织信息，结构严谨、效果直观而且信息量大。通过本节的学习，用户可以掌握表格的创建和设置方法，能够熟练地编辑表格中的文本或数据，并且可以制作不规则表格，还可以对表格进行简单的公式计算。

2. 单元格

表格由水平行和垂直列组成。行和列交叉的矩形部分称为单元格，即行和列的交叉组成的每一格称为单元格。

3. 合并单元格

将一行或一列中多个相邻的单元格合并成一个单元格。

4. 拆分单元格

将一个单元格分成多个单元格。

5. 表格编辑

在绘制表格的过程中或者绘制完成后经常需要对表格进行一些修改。

（1）选定表格对象。与文本操作一样，表格操作也必须遵循"先选定，后操作"的原则。

（2）插入行、列或单元格。在表格中插入行、列或单元格时，一定要把插入点定位在表格中指定位置，而后单击右键选择"插入"按钮插入子菜单中的行、列或单元格即可；也可以通过单击"表格工具"选项卡，选择插入行、列或单元格的按钮来实现。

（3）删除行或列、单元格、表格。若要删除表格中多余的行、列或单元格，应先选定要删除的区域，然后单击右键选择"删除"即可；也可以通过单击"表格工具"选项卡单击"删除"按钮来实现。

（4）改变表格的行高、列宽。调整表格的行高或列宽，可使用以下两种方法实现。

方法 1：使用"表格属性"命令调整。选中待改变行高、列宽的行、列，单击右键，在快捷菜单中选择"表格属性"命令，在弹出的"表格属性"对话框中设置精确的表格尺寸、行高、列宽以及单元格宽度。

方法 2：使用鼠标调整。将鼠标移到要调整行高或列宽的表格线上，拖动行、列边距调整表格行或列。

6. 表格样式

表格样式指表格外观，包括表格边框、底纹、字体和颜色等。

文字处理软件无论是 WPS 还是 Microsoft Word 中都预先定义好了一些样式，可以通过选中表格，在"表格样式"功能组区中选择一个满意的表格样式，应用到当前选中的表格上。

如果觉得样式不够有特色，可使用"表格样式"功能组区中"底纹""边框"按钮为指定的单元格单独设置边框和底纹。

7. 编辑表格

编辑表格时，要注意选择对象。以表格为对象的编辑，包括表格的移动、缩放、合并和拆分；以单元格为对象的编辑，包括单元格的插入、删除、移动和复制、合并拆分、高度和宽度设置、对齐方式等。

8. 修饰表格

在表格操作过程中，首先应该重点熟悉表格样式中表格"边框和底纹"的用法；其次，还应掌握好表格中"改变文字方向"的方法，表格中数据的"排序与计算"；除此之外，还应该熟知表格操作的各种技巧，如让表格内数据自动求和，给单元格设置编号，让表格自动适应内容大小，设置表格中文字和边框的间距，在多个页面显示同一表格的标题，等等。

第8小时
文字处理（下）

8.1 文字处理中图形的应用

【基础知识点】

1. 图片

图形和图片是两个不同的概念。图片一般来自一个文件或者来自扫描仪和手机等，也可以是一个剪贴画等元素，而图形指的是用户用绘图工具绘制成的元素。用户可以将丰富多彩的图片插入到文档中，从而使文档更加引人入胜。

（1）插入文件中的图片。在文档中插入的图片可以来自图形文件，具体插入图片的方法：单击"插入"选项卡中"插图"功能组区中的"图片"按钮。

（2）插入剪贴画。在 Word 2010 中本身附带了为数众多、内容丰富的剪贴图片，用户可以直接将所需要的图片插入到文档中。而在 WPS 中并没有自带的剪贴画。

2. 艺术字

一般情况下，在文字处理软件中输入的字体没有艺术效果，而实际应用中经常要用艺术效果较强的字。在文档中使用艺术字，可以使文档效果更加生动活泼。

3. 形状

常用的文字处理软件都为用户提供了一套绘制图形的工具，并且提供了大量的可以调整形状的自选图形，将这些图形和文本交叉混排在文档中，可以使文档更加生动有趣。

4. 组织结构图

为了清晰地表达文字之间的关联和层次关系，在文档中经常配有插图。对于普通的文档，只要绘制几何图形并在其中添加文字就可满足一般要求，但要制作出具有专业设计师水平的插图，就需要借助文字处理软件所提供的组织结构图，在 Word 2010 中被称为 SmartArt 图形。

8.2 文字处理综合应用

【基础知识点】

1. 页面设置

页面设置是指设置版面的纸张大小、页边距、纸张方向等参数。其中，纸张大小的设置即纸型的设置，它需要根据打印时实际选用的纸张来确定；页边距是指文本区域与纸张边缘的距离；纸张方向是指打印时是横向打印还是纵向打印。

2. 文本框

编辑文档时，经常要把某些特定的内容放到某些特定的位置上。这时就要用到文字处理软件提供的文本框功能。文本框可以利用"插入"选项卡来完成，其本身是一种特殊绘制对象。使用文本框可以将文字、表格或图形精确定位到文档中的任意位置。

3. 分栏

分栏是将文档中完整的一行或多行文字设置成若干列的显示修饰效果。这种修饰效果广泛应用于各种报纸和杂志中。可通过"页面布局"选项卡中单击"分栏"工具按钮来实现分栏。分栏的应用范围可分为选定文字和整篇文档。

4. 首字下沉

首字下沉格式一般位于每段的第一行第一个字，是一种特殊的修饰效果，常见于报纸和杂志。

5. 插入公式

对于文本内容涉及数学、物理和化学等学科的，公式是其中不可缺少的部分，而且有些公式符号繁多。为了克服公式排版的困难，文字处理软件中提供了强大的公式编辑器，可以做到像输入文字一样简单地完成烦琐的公式编辑。

8.3 文字处理中的邮件合并应用

【基础知识点】

1. 邮件合并

邮件合并通常用于某上级单位向下级单位发送会议通知或者是公司向客户发送邀请信,学校给学生发录取通知书等。这种信函往往要求有不同的抬头，但是具有相同的正文。因此邮件合并包含两部分内容：一部分为可变动内容，如信函中的抬头部分；另一部分为对所有信件都相同的内容，如信函中的正文。

要做邮件合并就要先建立两个文档：一个是主文档，用来存放对所有文件都相同的内容；另一个是数据源文档，用来存放信函中的变动文本内容。最后将两个文档合并生成信函。

2. 数据源

数据源就是数据的来源，而在邮件合并中数据源就是可以发生变动的那部分数据，通常存放在以表格形式呈现的规范文件（如 Excel、Access）中。

3．文字处理域

所谓域，其实是一种代码，可以用来控制许多在文字处理软件中的插入信息，实现自动化功能。域的最大优点是可以根据文档的改动或其他有关因素的变化而自动更新。

8.4 文字处理高级应用

【基础知识点】

1．文档属性

文档属性包含了一个文件的详细信息，例如描述性的标题、主题、作者、类别、关键词、文件长度、创建日期、最后修改日期、统计信息等。

Word 2010 提供了自动添加项目符号和编号的功能。为段落添加项目符号与编号时，先选中操作对象再进行操作；也可以先把项目符号和编号设置好，再输入文字内容。Word 2010 会以段落为单位自动为输入的段落添加项目符号或者编号。

段落在添加项目符号和编号后，无论是插入还是删除段落，Word 2010 都会重新对段落进行编号。

2．项目符号和编号

在段落前面添加项目符号和编号，不仅可以使内容更加醒目，而且还可使文章更有条理性。

项目符号列表用于强调某些特别重要的观点或条目；编号列表用于逐步展开一个文档的内容，常用在书的目录或文档索引上。

3．样式

样式就是系统或用户定义并保存的一系列排版格式，包括字体、段落的对齐方式和缩进等。

样式实际是一种排版格式指令，可以先将文档中要用到的各种样式分别加以定义，然后使之应用于各个段落。

一般文字处理软件中都预先定义了标准样式，如果用户有特殊要求，也可以根据自己的需要修改标准或重新定制样式。

4．目录

目录是一篇长文档必不可少的部分。目录可以显示文档内容的分布和结构，也便于读者阅读。利用文字处理软件提供的抽取目录功能，可以自动地将文档中的各级标题抽取出来组建成一份目录。编写目录最简单的方法是使用内置的标题样式或大纲级别格式。

5．节

所谓"节"就是用来划分文档的一种方式。之所以引入"节"的概念，是为了实现在同一文档中设置不同的页面格式。建立新文档时，文字处理软件将整篇文档视为一节，此时整篇文档只能采用统一的页面格式。

6．页眉和页脚

页眉和页脚是页面的两个特殊区域，位于文档中每个页面页边距的顶部和底部区域。通常，诸如文档标题、页码、公司徽标、作者名等信息需打印在文档的页眉或页脚上。

7. 页码

页码用来表示每页在文档中的顺序。Word 可以快速地给文档添加页码，并且页码会随文档内容的增删而自动更新。

8. 视图

视图是文档在计算机屏幕上的显示方式，WPS 文字 2016 中给用户提供的 4 种视图方式分别为页面视图、全屏显示视图、Web 版式视图、大纲视图；而 MS Word 2010 给用户提供了 5 种不同的视图模式，分别是页面视图、阅读版式视图、Web 版式视图、大纲视图和草稿视图。

- 页面视图。在这种视图方式下可直接按照用户设置的页面大小进行显示，此时的显示效果与打印效果完全一致，也就是一种"所见即所得"的方式。

用户可以从中看到各种对象在页面中的实际打印位置，还可以方便地进行插入图片、文本框、图表、媒体剪辑和视频剪辑等的操作。

- Web 版式视图。Web 版式视图方式是几种视图方式中唯一的一种按照窗口大小进行显示的视图方式。该视图将显示文档在 IE 浏览器中的外观，包括背景、修饰的文字和图形，便于阅读。

它适用于 Web 页的创建和浏览，特别是对那些不需要打印而只是联机阅读的文档，使用这种视图方式是最佳选择。

- 大纲视图。在大纲视图中，能查看文档的结构，还可以通过拖动标题来移动、复制和重新组织文本，因此适合编辑那种含有大量章节的长文档，能让用户的文档层次结构清晰明了，并可根据需要进行调整。

在查看时可以通过折叠文档来隐藏正文内容而只看主要标题，或者展开文档以查看所有的正文。另外，大纲视图中不显示页边距、页眉和页脚、图片和背景。

- 草稿视图。在 MS Word 2010 之前的版本中草稿视图被称作"普通视图"，在本视图下可以键入、编辑和设置文本格式。

在草稿视图中，不显示页边距、页眉和页脚、背景、图形对象等，但是在文本编辑区内以最大限度显示文本内容。

- 阅读版式视图与全屏显示视图。该种视图最大的特点是便于用户阅读文档，它优化了要在屏幕上阅读的文档，这种视图不更改文档本身，可以通过缩放字体、缩短行的长度来更改页面版式，使页面恰好适应屏幕大小。它是模拟书本阅读的方式，让人感觉在翻阅书籍。

第 9 小时 文字处理练习题

1. 在 Word 2007 字体设置的对话框中，不能进行（　　）操作。
   A．加粗　　　　　B．加删除线　　　　C．加下划线　　　　D．行距
   答案：D

2. 使用 Word 2007 编辑文档时，框选字符后又继续输入字符，其结果是（　　）。
   A．由新输入的字符替换了被选定的字符
   B．在选定文字的后面添加了新输入的几个字符
   C．在选定文字的前面添加了新输入的几个字符
   D．从选定文字的后面自动分段，在下一段的开头添加新输入的字符
   答案：A

3. 下列关于 Word 2007 文档打印的叙述，正确的是（　　）。
   A．只能在打印预览状态打印
   B．在打印预览状态不能打印
   C．在打印预览状态也可以直接打印
   D．必须退出预览状态后才可以打印
   答案：C

4. 在 Word 2007 文档编辑时，对选定文字进行字体设置后（　　）格式被更新。
   A．文档中被选择的文字　　　　　B．插入点所在行中的文字
   C．插入点所在段落中的文字　　　D．文档的全部文字
   答案：A

5. 新文件保存的三要素是主文件名、（　　）。
   A．文件类型、文件长度　　　　　B．文件长度、保存时间
   C．文件类型、保存位置　　　　　D．保存时间、保存位置
   答案：C

6. 在 Word 2007 文档中插入的图片（　　）。
   A．文档中的图片只能显示，无法用打印机打印输出
   B．图片的位置可以改变，但大小不能改变
   C．不能自行绘制，只能从 Office 的剪辑库中插入
   D．可以嵌入到文本段落中
   答案：D

7. 在 Word 2010 中，（　　）快捷键可以选定当前文档中的全部内容。
   A．Shift+A　　　B．Shift+V　　　C．Ctrl+A　　　D．Ctrl+V
   答案：C

8. 在 Word 2010 文档编辑状态下，按住 Alt 键的同时在文本上拖动鼠标，可以（　　）。
   A．选择整段文本　　　　　　B．选择不连续的文本
   C．选择整篇文档　　　　　　D．选择矩形文本块
   答案：D

9. 以下关于 Word 2010 图形和图片的叙述中，不正确的是（　　）。
   A．剪贴画属于一种图形
   B．图片一般来自一个文件
   C．图形是用户用绘图工具绘制而成的
   D．图片可以源自扫描仪和手机
   答案：A

10. 在 Word 2010 "查找和替换" 文本框中，输入（　　）符号可以搜索 0~9 的数字。
    A．^#　　　　　B．^$　　　　　C．^&　　　　　D．^*
    答案：A

11. 在 Word 2010 中，以下关于 "Backspace" 键与 "Delete" 键的叙述，正确的是（　　）。
    A．"Delete" 可以删除光标前一个字符
    B．"Delete" 可以删除光标前一行字符
    C．"Backspace" 可以删除光标后一个字符
    D．"Backspace" 可以删除光标前一个字符
    答案：D

12. Word 2010 中的格式刷可以用于复制段落的格式，若要将选中当前段落格式重复应用多次，应（　　）。
    A．单击格式刷　　B．双击格式刷　　C．右击格式刷　　D．拖动格式刷
    答案：B

13. 在 Word 2010 编辑状态下，要打印文稿的第 1 页、第 3 页和第 9 页，可以在打印页码范围中输入（　　）。
    A．1,3-9　　　　B．1,3,9　　　　C．1-3,3-9　　　　D．1-3,9

答案：B

14. 在 Word 2010 的文本编辑状态下，在按住 Ctrl 键的同时用鼠标拖动选定文本可实现（　）。
    A．移动操作　　　B．复制操作　　　C．剪切操作　　　D．粘贴操作
    答案：B

15. 在 Word 2010 文档中，可通过（　）设置选中内容的行间距。
    A．"页面布局"菜单下的"页面设置"命令
    B．"插入"菜单下的"页眉页脚"命令
    C．"开始"菜单下的"段落"命令
    D．"引用"菜单下的"引文与书目"命令
    答案：C

16. 在 Word 2010 中，要对设定好纸张大小的文档进行每页行数和每行字数调整，可通过页面设置对话框中的（　）命令进行设置。
    A．页边距　　　B．版式　　　C．文档网络　　　D．纸张
    答案：C

17. Word 2007 中"制表位"的作用是（　）。
    A．制作表格　　　B．光标定位　　　C．设定左缩进　　　D．设定右缩进
    答案：B

18. 以下关于 Word"首字下沉"命令的叙述中，正确的是（　）。
    A．只能悬挂下沉　　　　　　　B．可以下沉三行字的位置
    C．只能下沉三行　　　　　　　D．只能下沉一行
    答案：B

19. 在 Word 2007 的绘图工具栏上选定矩形工具，按住（　）按钮可绘制正方形。
    A．Tab　　　B．Del　　　C．Shift　　　D．Enter
    答案：C

20. 在 Word 2007 的编辑状态下，可以同时显示水平标尺和垂直标尺的视图模式是（　）。
    A．普通视图　　　B．页面视图　　　C．大纲视图　　　D．全屏显示模式
    答案：B

21. 在 Word（　）模式下，随着输入新的文字，后面原有的文字将会被覆盖。
    A．插入　　　B．改写　　　C．自动更正　　　D．断字
    答案：B

22. 在 Word 2007 文档编辑中，使用（　）选项卡中的"分隔符"命令，可以在文档中指定位置强行分页。
    A．开始　　　B．插入　　　C．页面布局　　　D．视图
    答案：C

23. 在 Word 2007 默认状态下，调整表格中的宽度可以利用（　）进行调整。
    A．水平标尺　　　B．垂直标尺　　　C．若干个空格　　　D．自动套用格式
    答案：A

24. 在 Word 2007 中，打印页码 2，4，5，8，表示打印（　）。
    A．第 2 页、第 4 页、第 5 页、第 8 页
    B．第 2 页至第 4 页、第 5 页至第 8 页
    C．第 2 页至第 5 页、第 8 页
    D．第 2 页至第 8 页
    答案：A

25. 在 Word 2007 中，按回车键将产生一个（　）。
    A．分页符　　　B．分节符　　　C．段落结束符　　　D．换行符
    答案：C

26. 在 Word 2007 中，段落对齐方式不包括（　）。
    A．分散对齐　　　B．两端对齐　　　C．居中对齐　　　D．上下对齐
    答案：D

27. 在 Word 2007 表格编辑中，不能进行的操作是（　）。
    A．旋转单元格　　　B．插入单元格　　　C．删除单元格　　　D．合并单元格
    答案：A

28. 在 Word 2007 的编辑状态，打开了一份名为"AAA.docx"的文档，若要经过编辑后的文档以"BBB.docx"为文件名进行存盘，当执行"文件"菜单中（　）命令。
    A．保存
    B．另存为 Word XML 文档
    C．另存为 Word 文档
    D．另存为 Word 97-2009 文档
    答案：C

29. 下列关于页眉和页脚的叙述中，不正确的是（　）。
    A．默认情况下，页眉和页脚适用于整个文档
    B．奇数页和偶数页可以有不同的页眉和页脚
    C．在页眉和页脚中可以设置页码
    D．首页不能设置页眉和页脚
    答案：D

30. 在 Word 2007 中，若选定某一行文字按 Delete 键，将（　）。
    A．删除选定文字外的所以文字
    B．删除选定行文字之后的所有文字
    C．删除选定的某一行文字
    D．删除选定行文字之前的所有文字
    答案：C

第10小时 电子表格处理（上）

10.0 章节考点分析

第 10~11 小时主要学习电子表格的基础概念和使用方法，并通过案例展现使用电子表格处理软件处理表格数据的思路和操作方法。本小时学习内容架构图如下：

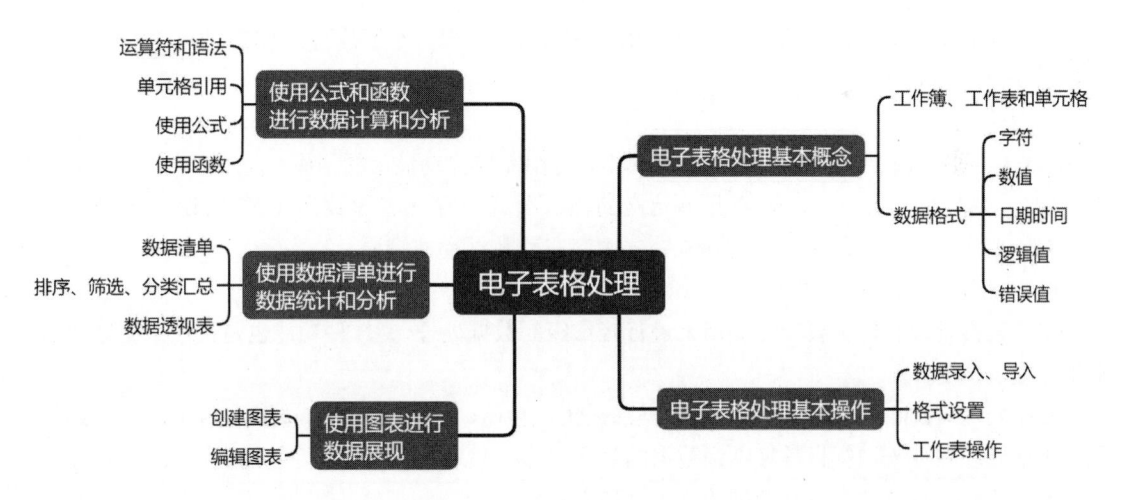

```
                运算符和语法
                单元格引用      使用公式和函数
                使用公式        进行数据计算和分析                       工作簿、工作表和单元格
                使用函数                                                字符
                                                    电子表格处理基本概念  数值
                                                                 数据格式  日期时间
                数据清单        使用数据清单进行                              逻辑值
    排序、筛选、分类汇总         数据统计和分析       电子表格处理              错误值
                数据透视表
                                                                      数据录入、导入
                创建图表        使用图表进行         电子表格处理基本操作  格式设置
                编辑图表        数据展现                                  工作表操作
```

10.1 电子表格处理基本概念

【基础知识点】

1. 电子表格处理基本概念

电子表格是一类模拟纸上计算表格的计算机程序，显示由一系列行与列构成的网格，网格内可

以存放数值、计算式或文本，用于输入输出、显示、计算各类复杂的数据表格，并可以生成漂亮的图表进行展现。

当前最流行的电子表格处理软件有金山公司的 WPS 表格和微软公司的 Office Excel 电子表格处理软件，最流行的电子表格文件格式为.xls 和.xlsx。

2．工作簿、工作表和单元格

每一个电子表格文件都是一个工作簿。当打开一个电子表格文件时，就等于打开了一个工作簿。当打开了工作簿后在窗口底部看到的"Sheet"标签表示的是工作表，有几个标签就表示有几个工作表。在每个工作表内，有字母 A、B、C、…编号的列和数字 1、2、3、…编号的行，由行列交叉而成、被网格线纵横隔开的矩形格就是单元格。

3．字符

字符数据由英文字母、汉字、数字、标点、符号等字符排列而成。

4．数值

数值数据由十进制数字（0～9）、小数点（.）、正负号（+、-）、百分号（%）、千位分隔符（,）、指数符号（E 或 e）、货币符号（¥、$、£）等组合而成。

5．日期时间

日期时间数据为两种特殊的数字数据，包括日期和时间。日期数据的格式通常为"yyyy-mm-dd"，如 2011-1-1 表示 2011 年 1 月 1 日。

6．逻辑值

逻辑值数据为两个特定的标识符：TRUE 和 FALSE，字母大小写均可。TRUE 表示逻辑值"真"，FALSE 表示逻辑值"假"。

7．错误值

错误值是因为单元格输入或编辑数据错误，而由系统自动显示的结果，提示用户注意改正。如当错误值为"#DIV/0!"时，表明此单元格的输入公式中存在着除数为 0 的错误；当错误值为"#VALUE!"时，表明此单元格的输入公式中存在着数据类型错误。

8．电子表格处理一般思路

电子表格处理软件主要功能是用来进行轻量级的数据处理，其软件功能也是按照数据处理的需求来进行设计的。

数据处理（Data Processing）是对数据的采集、存储、检索、加工、变换和传输。具体到使用电子表格处理软件来进行日常轻量级数据的处理工作，我们把它分为 6 个步骤。

- 获取：数据的准备；数据的录入或导入。
- 规范：表格的格式化。
- 计算：使用公式进行计算；使用计算函数进行计算。
- 分析：使用分析函数进行数据分析；使用排序、筛选、分类汇总、数据透视表等分析工具进行数据分析。
- 转化：将数据转化为图表。

- 输出：打印；导出。

10.2 电子表格处理基本操作

【基础知识点】

1. 数据的录入

选定要录入数据的单元格，从键盘上输入数据，按 Enter 键。

2. 数据的导入

在电子表格软件中，可以将外部数据直接导入到电子表格处理软件中，以避免重复的手工输入，如导入文本文件、网页数据等。

在电子表格软件中通常提供数据导入向导，按照提示逐步操作即可。

3. 选择单元格

单元格是电子表格中的最小处理对象。在电子表格处理中，大多数操作都需要先选择一个或者若干个单元格或单元格区域。

（1）选择单个单元格。

- 鼠标点选。移动鼠标指向目标单元格，单击选取。
- 名称定位。

（2）选择矩形单元格区域。

- 拖曳鼠标选择。选择一个目标单元格，按着鼠标左键不要松手，根据需要上下或左右拉动，选择完成后松开鼠标左键即可。
- 键盘法。选取一个起始的单元格，按下 Shift 键，鼠标单击结束的单元格，起始单元格和结束单元格即为所选区域的对角顶点。
- 名称定位。在名称框中输入矩形区域单元格的起始位置、冒号和结束位置，然后按 Enter 键即可。

（3）不连续选择。选择单个单元格或单元格区域，按住 Ctrl 键，选择下一个不连续的单元格或者单元格区域即可。

（4）选择整行或者整列单元格。选择一整行或一整列单元格，单击相应的行编号或者列编号即可。选择连续的若干行或者若干列单元格，用鼠标在行编号或列编号上拖动选择即可。选择不连续的若干行或者若干列单元格，按住 Ctrl 键，用鼠标在行编号或列编号上拖动选择即可。

4. 插入与删除行和列

操作方法：选中需插入/删除的行、列，插入行或列。

5. 单元格格式

电子表格处理中的单元格格式设置，主要是指单元格的格式。主要包括数字格式、字体形式、字体大小、颜色、文字的对齐方式、单元格的边框、底纹图案以及行高、列宽等。

（1）数字格式。选择需要设定数据格式的单元格或单元格区域，使用"单元格格式"对话框中的"数字"面板设置数字格式。

（2）对齐方式。使用"单元格格式"对话框中的"对齐"面板设置单元格中文字的对齐方式，包括文本对齐方式、文字方向和文字控制三种。

（3）边框和底纹。使用"单元格格式对话框"中的"边框"和"填充"（"图案"）功能可以为电子表格添加边框和底纹。

（4）行高和列宽。选中行或者列，单击右键，选择"行高"或"列宽"即可设置，也可以用鼠标拖动行列编号间的分割线以快速调整行高和列宽。

6. 条件格式

处理大量数据时，使用"条件格式"可以将符合某些特征条件的数据以特定的格式显示出来，在某种程度上实现数据的可视化。

7. 数据的有效性

在电子表格处理中，有时需要对单元格中输入的数据进行约束，以保证录入数据的规范性和合法性，此时可以利用数据有效性来进行约束。

8. 表格样式

选中需要套用格式（样式）的单元格区域，单击"套用表格格式"（"表格样式"），选择一种样式即可完成表格的格式化。

9. 工作表操作

根据实际的需要，电子表格软件中的工作表可以进行添加、删除、复制、移动和重命名等操作。在工作表标签上右击，在弹出的菜单中选择相应的功能项即可。

第11小时 电子表格处理（下）

11.1 使用公式和函数进行数据计算和分析

【基础知识点】

1. 公式运算符和语法

公式是单元格内以等号"="开始的运算符、值、引用或函数的组合。在放置结果的单元格中直接输入公式内容，公式输入完毕，计算也随之完成，其计算结果就会显示在单元格中，公式则显示在"编辑栏"中。

2. 单元格引用

引用的作用在于标识工作表上的单元格或单元格区域，并指明公式中所使用的数据的位置。

通过引用，可以在公式中使用工作表不同部分的数据，或者在多个公式中使用同一单元格的数值。还可以引用同一工作簿不同工作表的单元格、不同工作簿的单元格，甚至其他应用程序中的数据。

如果要引用单元格，需顺序输入列字母和行数字。如果要引用单元格区域，则输入区域左上角单元格的引用、冒号（:）和区域右下角单元格的引用。

3. 使用公式计算数据

公式的输入可直接在单元格中输入，也可在编辑栏中输入，但都以等号开始，其后才是表达式。操作步骤如下。

（1）选定要输入公式的单元格。

（2）先输入"="，再输入包含计算数据和其所在的单元格名称的表达式。

（3）输完后按 Enter 键，计算结果就显示在单元格中。

4. 函数的使用

电子表格软件提供的函数其实是一些预定义的公式,它们使用一些称为参数的特定数值按特定的顺序或结构进行计算。

用户可以直接用它们对某个区域内的数值进行一系列运算,如分析和处理日期值和时间值、确定贷款的支付额、确定单元格中的数据类型、计算平均值、排序显示和运算文本数据等。

例如,SUM 函数对单元格或单元格区域进行加法运算。

(1) 函数的结构。函数的结构以函数名称开始,后面是左圆括号、以逗号分隔的参数和右圆括号。

(2) 函数的嵌套。所谓嵌套函数,就是指在某些情况下,可能需要将某函数作为另一函数的参数使用。也就是说一个函数可以是另一个函数的参数。

(3) 函数的输入。函数一般采用手工输入或使用向导输入 2 种常用的方式。

手工输入函数的方法和单元格中公式的输入方法相同,先在编辑栏里输入等号(=),然后再输入函数本身。

对一些复杂的函数通常采用函数向导一步步地输入,可避免在输入过程中产生错误。

11.2 使用数据清单进行数据统计和分析

【基础知识点】

1. 数据排序

电子表格处理软件提供了多种方法对数据清单进行排序。当用户进行排序时,数据清单中的数据将被重新排列。

2. 数据筛选

筛选是查找和处理数据清单中数据的快速方法。经过筛选后的数据清单只显示满足条件的数据行,以供用户浏览和分析。它与排序不同,筛选不重排行顺序,只是将不满足条件的行隐藏起来。电子表格处理软件提供了自动筛选和高级筛选两种方法。

3. 分类汇总

分类汇总是对数据清单进行数据分析的方法,可对数据清单中的某一项数据进行分类,并对每类数据的相关信息进行统计计算。

统计的内容可由用户确定,也可统计同类记录的记录条数,或对某些数值字段求和、求平均值以及求极值等。

4. 数据透视表

数据透视表是用来从 Excel 数据清单中总结信息的分析工具。创建数据透视表时,用户可指定所需的字段、数据透视表的组织形式和要执行的计算类型。

11.3 使用图表进行数据展现

【基础知识点】
1. 创建图表

创建图表有 2 个关键步骤：先选中数据源，然后插入合适的图表类型。

（1）选中数据源。选中工作表中需要使用图表来展现的数据区域。需要注意的是：一般情况下，应当选中相应数据的字段名（列标题）。

（2）选择合适的图表类型。电子表格处理软件一般均提供常见的图表供用户选择使用，如柱形图、折线图、饼图、条形图、面积图、散点图、曲面图等常用图表。

由电子表格软件根据数据源自动生成的图表，可能出现坐标轴颠倒，不符合预期的情况，此时可以使用"图表"面板中的"切换行/列"功能进行调整。

2. 编辑图表

（1）认识图表。图表在创建后，为默认的图表格式，可以根据用户的需要进行编辑。一个典型的图表，一般都包含如下几个元素。

- 图表区：图表区是放置图表及其他元素的大背景。
- 绘图区：绘图区是放置图表主体的背景。
- 图例：图表中每个不同数据的标识。
- 数据系列：就是源数据表中一行或者一列的数据。

其他还包括横坐标、纵坐标、图表标题等。

（2）编辑图表。

图表元素格式设置：对图表中各种元素都可以进行边框、阴影、三维样式、发光和柔滑边缘等编辑，只需在相应的图表元素上右击，在弹出菜单中选择相应的元素格式设置选项，然后在弹出的对话框中设置即可。

添加数据标签：数据标签，是添加在数据系列上的数据标记。在数据系列上单击右键，在弹出的菜单中选择"添加数据标签"即可在数据系列上增加数据标志。

第12小时
电子表格处理练习题

1. 在 Excel 2007 中，公式中的绝对引用地址在被复制到其他单元格时，其（　　）。
   A．列地址改变，行地址不变　　　　B．行地址和列地址都不会改变
   C．行地址和列地址都会改变　　　　D．行地址改变，列地址不变
   答案：B

2. 在 Excel 2007 中，函数 INT(-12.6)的结果是（　　）。
   A．12　　　　B．-13　　　　C．13　　　　D．-12
   答案：B

3. 在 WPS 2016 电子表格中，如果要使单元格 D1 的值在 B1 大于 100 且 C1 小于 60 时取值为"可以"，否则取值为"不可以"，则应在 D1 中输入（　　）。
   A．=IF(B1>100 OR C1<60,"可以","不可以")
   B．=IF(AND(B1>100, C1<60),"可以","不可以")
   C．=IF(OR(B1>100, C1<60),"可以","不可以")
   D．=IF(B1>100 AND C1<60,"可以","不可以")
   答案：B

4. 在数据分析时，即使面对正确的数据，如果采用错误的统计和错误的推理方法，那么据此做出的决策也将出现问题。以下叙述中，（　　）是正确的。
   A．观察到数据子集中的某些趋势，将其作为整体的趋势
   B．先按领导想法确定统计结论，再选择数据表明其正确性
   C．不能仅对容易获得的定量指标进行统计，忽略其他指标
   D．有意选择那些有助于支持自己的假设的数据进行统计
   答案：C

5. 在 Excel 2007 中，假设单元格 A1 为文字格式"15"，单元格 A2 为数字"3"，单元格 A3

为数字"2",则函数 COUNT(A1:A3)等于（　　）。

  A．6   B．20   C．3   D．2

  答案：D

 6. 在 Excel 2007 中,若要计算出 B3:E6 区域内的数据的最小值并保存在 B7 单元格中,应在 B7 单元格中输入（　　）。

  A．=MAX(B3:E6)   B．=MIN(B3:E6)

  C．=SUM(B3:E6)   D．=COUNT(B3:E6)

  答案：B

 7. 在 Excel 2007 中,用来存储并处理工作表数据的文件,称为（　　）。

  A．文档   B．单元格   C．工作簿   D．工作区

  答案：C

 8. 在 Excel 2007 中,若 A1 单元格中的值为-1,B1 单元格中的值为1,在 B2 单元格中输入 =SUM(SIGN(A1)+B1),则 B2 单元格中的值为（　　）。

  A．2   B．0   C．1   D．-1

  答案：B

 9. 某地区在 12～30 岁居民中随机抽取了 10000 个人的身高和体重的统计数据,可以根据该数据画出（　　）来判断居民的身高和体重之间的关系模式。

  A．雷达图   B．柱状图   C．散点图   D．饼图

  答案：C

 10. 在 Excel 2007 中,若在 A1 单元格中输入=POWER（2,3）,则 A1 单元格中的值为（　　）。

  A．5   B．8   C．6   D．9

  答案：B

 11. 在 Excel 2010 中,一个完整的函数计算包括（　　）。

  A．"="和函数名   B．函数名和参数

  C．"="和参数   D．"="、函数名和参数

  答案：D

 12. 在 Excel 2010 中,设单元格 A1、B1、C1、A2、B2、C2 中的值分别为 1、2、3、4、5、6,若在单元格 D1 中输入函数"= MAX（A1:A2,B1:C2）",按回车键后,则 D1 单元格中的值为（　　）。

  A．2   B．3   C．4   D．6

  答案：D

 13. 在 Excel 2010 中,G3 单元格中公式为"=$D$3+E3+F3",若以序列方式向下填充,则 G12 单元格的公式为（　　）。

  A．=D12+E12+F12   B．=D3+E3+F3

  C．=$D$12+E12+F12   D．=$D$3+E12+F12

  答案：D

14. 在 Excel 2010 中，设单元格 A1、A2、A3、B1 中的值分别为 56、97、121、86，若在单元格 C1 中输入函数 "=if(B1>A1, "E",if(B1>A2, "F","G"))"，按回车键后，则 C1 单元格中显示（   ）。

    A．E   B．F   C．G   D．A3

    答案：A

15. 在 Excel 2010 中，设 A1 单元格中的值为 20，A2 单元格中的值为 60，若在 C1 单元格中输入函数 "=AVERAGE(A1,A2)"，按回车键后，C1 单元格中的值为（   ）。

    A．20   B．40   C．60   D．8

    答案：B

16. Excel 2010 中不存在的填充类型是（   ）。

    A．等差序列   B．等比序列   C．排序   D．日期

    答案：C

17. 在 Excel 2010 中，可以使用多个运算符，以下关于运算符优先级的叙述中，不正确的是（   ）。

    A．"&" 优先级高于 "="   B．"%" 优先级高于 "+"

    C．"—" 优先级高于 "&"   D．"%" 优先级高于 ":"

    答案：D

18. 在 Excel 2010 中，设单元格 A1、A2、A3、A4 中的值分别为 20、3、16、20，若在单元格 B1 中输入函数 "=PRODUCT(A1,A2)/MAX(A3,A4)"，按回车键后，B1 单元格中的值为（   ）。

    A．3   B．30   C．48   D．59

    答案：A

19. WPS 表格中有一个数据非常多的报表，打印时需要每页顶部都显示表头，可设置（   ）。

    A．打印范围   B．打印标题行   C．打印标题列   D．打印区域

    答案：B

20. 在 Excel 2010 中的 A1 单元格输入公式（   ），按回车键后，该单元格值为 0.25。

    A．5/20   B．=5/20   C．"5/20"   D．="5/20

    答案：B

21. 在 Excel 2010 中，设单元格 A1、B1、C1、A2、B2、C2 中的值分别为 1、2、3、4、5、6，若在单元格 D1 中输入公式"=MAX(A1:C2)-MIN(A1:C2)"，按回车键后，D1 单元格中的值为（   ）。

    A．1   B．3   C．5   D．6

    答案：C

22. 在 Excel 2010 中，A1 和 B1 单元格中的值分别为 "12" 和 "34"，在 C1 中输入公式 "=A1&B1"，按回车键后，C1 中的值为（   ）。

    A．1234   B．12   C．34   D．46

    答案：A

23. 在 Excel 2010 中，为将数据单位定义为"万元"，且带两位小数，应自定义（　）格式。
    A．0.00 万元   B．0!.00 万元
    C．0/10000.00 万元   D．0!.00,万元
    答案：A

24. 在 Excel 2007 中，单元格中的绝对地址在被复制或移动到其他单元格时，其他单元格地址（　）。
    A．不会改变   B．部分改变   C．全部改变   D．不能复制
    答案：A

25. 在 Excel 2007 中，（　）不是计算 A1 到 A6 单元格中数据之和的公式。
    A．=A1+A2+A3+A4+A5+A6   B．=SUM(A1:A6)
    C．=(A1+A2+A3+A4+A5+A6)   D．=SUM(A1+A6)
    答案：D

26. 一个 Excel 文档对应一个（　）。
    A．工作簿   B．工作表   C．单元格   D．行或列
    答案：A

27. 在 Excel 2007 中，若 A1 单元格中的值为-1，B2 单元格中的值为 1，在 B2 单元格中输入 =TAN(SUM(A1:B1)，则 B2 单元格中的值为（　）。
    A．-1   B．0   C．1   D．2
    答案：B

28. 在 Excel 2007 中，若 A1 单元格中的值 2，B1 单元格中的值为 3，在 A2 单元格中输入 "=PRODUCT(A1:B1)"，按回车键后，A2 单元格中的值为（　）。
    A．4   B．6   C．8   D．9
    答案：B

29. 在 Excel 2007 中，若 A1 单元格中的值为 50，B1 单元格中的值为 60，在 A2 单元格中输入 "=IF(OR(A1>=60,B1>=60),"通过","不通过")"，按回车键后，A2 单元格中的值为（　）。
    A．50   B．60   C．通过   D．不通过
    答案：C

30. 在 Excel 2007 中，若在 A1 单元格中的值为 9，在 A2 单元格中输入 "=SQRT(A1)" 按回车键后，A2 单元格中的值为（　）。
    A．0   B．3   C．9   D．81
    答案：B

31. 在 Excel 2007 中，利用填充柄可以将数据复制到相邻单元格中。若选择含有数值的上下相邻的两个单元格，左键向下拖动填充柄，则数据将以（　）填充。
    A．等差数列   B．等比数列
    C．上单元格数值   D．下单元格数值

答案：A

32. 在 Excel 2007 中，设单元格 A1 中的值为 10，B1 中的值为 20，A2 中的值为 30，B2 中的值为 40，若在 A3 单元格中输入"=SUM(A1,B2)"，按回车键后，A3 单元格中的值为（　　）。

  A．50   B．60   C．90   D．100

  答案：A

33. 在 Excel 2007 中，设单元格 A1 中的值为-100，B1 中的值为 100，在 C1 单元格中输入"=IF(A1+B1<=0,A2,B2)"，按回车键后，C1 单元格中的值为（　　）。

  A．-100   B．0   C．1   D．100

  答案：B

第13小时
演示文稿基础知识（上）

13.0 章节考点分析

第 13~14 小时主要学习演示文稿的基本概念、常用演示文稿软件的基本功能以及利用演示文稿软件制作符合需求的、可视化的演示文稿，结合实际案例演示文稿软件制作的操作方法。

本小时学习内容架构图如下：

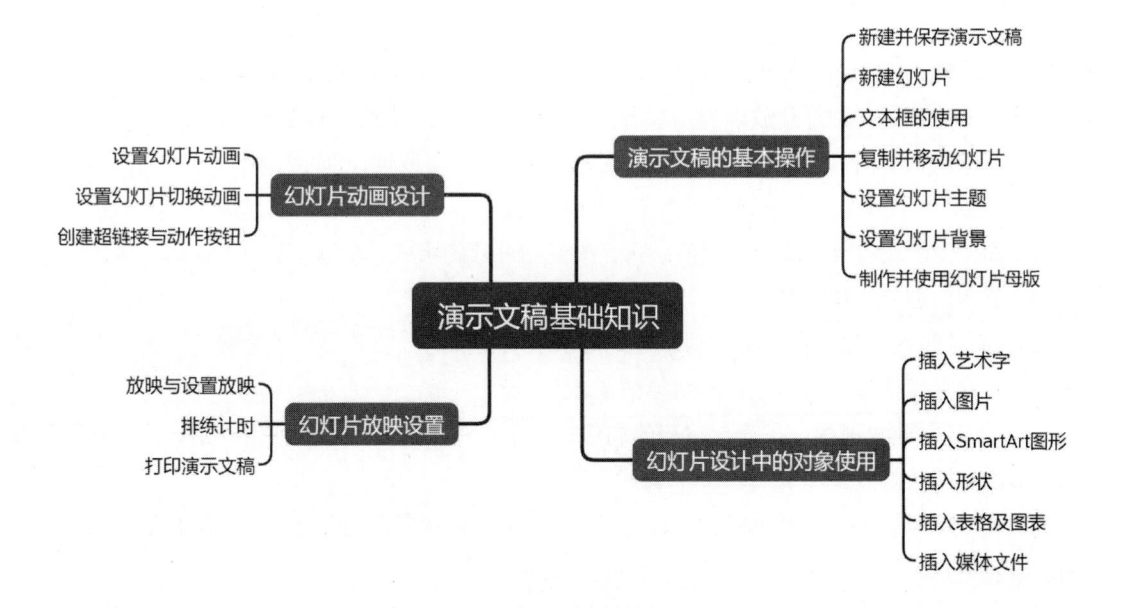

```
                                         ┌─ 新建并保存演示文稿
                                         ├─ 新建幻灯片
                                         ├─ 文本框的使用
                      ┌─ 演示文稿的基本操作 ─┼─ 复制并移动幻灯片
                      │                  ├─ 设置幻灯片主题
  ┌─ 设置幻灯片动画    │                  ├─ 设置幻灯片背景
  ├─ 设置幻灯片切换动画 ─ 幻灯片动画设计 ─┤  └─ 制作并使用幻灯片母版
  └─ 创建超链接与动作按钮│
                      演示文稿基础知识
                      │
  ┌─ 放映与设置放映    │                  ┌─ 插入艺术字
  ├─ 排练计时 ──────── 幻灯片放映设置 ─┤  ├─ 插入图片
  └─ 打印演示文稿      │                  ├─ 插入SmartArt图形
                      └─ 幻灯片设计中的对象使用 ─┼─ 插入形状
                                         ├─ 插入表格及图表
                                         └─ 插入媒体文件
```

13.1　演示文稿的基本概念及思路

【基础知识点】

1. 演示文稿与幻灯片

一个演示文稿对应一个文件，一个演示文稿是由若干张幻灯片组成的，一张幻灯片对应演示文稿中的一页。

每一张幻灯片都由若干对象组成，对象可以是文本框、表格、图表、形状、图片、SmartArt图形等。

2. 占位符

在每张幻灯片中，都有一些虚线框，这些虚线框就是占位符。单击占位符即可添加标题和副标题。一般在占位符中可以插入文字信息、对象内容等。占位符实际上就是演示文稿提供的带有输入提示信息的特殊文本框。

3. 幻灯片版式

幻灯片版式是制作演示文稿中常规排版的格式，幻灯片的版式决定了一张幻灯片中占位符的形式和数量，通过幻灯片版式的应用可以使幻灯片中的对象更加合理简洁地完成布局，轻松地完成演示文稿的制作。

4. 视图模式

幻灯片视图功能为用户提供了各种适应不同使用情况的操作界面，其中包括普通视图、幻灯片浏览视图、阅读视图、幻灯片放映视图和备注页视图。一般系统默认的是普通视图。

（1）普通视图。普通视图是默认显示视图，可用于撰写或设计演示文稿。

（2）幻灯片浏览视图。在幻灯片浏览视图中，按序号由小到大顺序显示演示文稿中全部的幻灯片缩略图，便于观看整个演示文稿的质量，改变幻灯片的版式、主题、配色方案等，对幻灯片进行添加、复制、删除、移动等操作。

（3）阅读视图。阅读视图将以动态方式显示演示文稿的放映效果，预览演示文稿中设置的动画和声音，并能观察每一张幻灯片的切换效果。

（4）幻灯片放映视图。在演示文稿的制作过程中或制作完成后，可使用"幻灯片放映"观看演示文稿的实际放映效果。

放映时，屏幕上演示文稿的标题栏、菜单栏、工具栏和状态栏均隐藏起来，整张幻灯片的内容占满屏幕。单击幻灯片放映按钮可切换到幻灯片放映视图。

（5）备注页视图。备注页视图以整页格式进行显示，用于输入和编辑作者的备注信息。

13.2 演示文稿的基本操作

【基础知识点】

1. 新建并保存演示文稿

启动演示文稿软件后，系统即自动创建了一个空白演示文稿，并且自动创建一个标题幻灯片，用户可以根据需要输入幻灯片的标题和副标题。

在处理演示文稿的过程中，最重要的一步就是保存演示文稿。这是为了保证编辑工作正常进行，避免因突发故障而造成的数据丢失。

（1）一般保存。演示文稿的保存方法与文字处理软件的保存方法几乎完全相同，不同之处在于，演示文稿的默认文件名为"演示文稿.pptx"。

（2）保存为"幻灯片放映"。在单击"保存"或"另存为"命令后弹出的对话框的"文件类型"列表框中，选择要保存的文件类型。

一般保存文件类型是演示文稿类型，也可以选择保存为"PowerPoint 放映"。幻灯片放映文件可以在没有安装演示文稿软件的机器上放映。

2. 新建幻灯片

在普通视图下，在左侧"幻灯片大纲"窗格中单击右键，在弹出的快捷菜单中选择"新建幻灯片"命令即可插入一张新的幻灯片，或者直接按下 **Ctrl+M** 快捷键，也可在当前幻灯片的前面插入一张新幻灯片。

3. 文本框的使用

如果要向幻灯片中添加文本内容，可以直接将文本输入到幻灯片的占位符中，如果要在占位符之外的其他位置输入文本，可以在幻灯片中插入文本框，操作步骤如下。

单击"插入"→"文本"→"文本框"按钮，在需要输入文本的位置处单击，即可出现一个空的文本框。

4. 复制并移动幻灯片

用户既可以在幻灯片浏览视图中移动幻灯片以调整幻灯片的顺序，也可以在普通视图中调整幻灯片的顺序。

（1）在浏览视图中移动幻灯片。
- 选中要移动的幻灯片。
- 按住鼠标左键，拖曳时出现一个竖直的插入点用以表示选中的幻灯片将要放置的位置。
- 确定好位置后，松开鼠标左键，完成移动操作。

（2）在普通视图中移动幻灯片。在普通视图中，将鼠标指针指向"幻灯片大纲"浏览窗格中要移动的幻灯片图标上，按住鼠标左键向上或向下拖曳到新位置后松开鼠标左键。

若需要复制幻灯片，在拖动鼠标的同时按住键盘上的 **Ctrl** 键就能将移动操作改变为复制操作。

5. 设置幻灯片主题

幻灯片主题是一组预设的字体格式和背景的组合。在新建演示文稿时可以使用主题创建，对于已有的演示文稿，也可以对其应用主题，应用的主题还可以根据自己的需要修改颜色、效果及字体等。

6. 设置幻灯片背景

在幻灯片中如果只用白色作为背景，会显得有些单调，这时用户可根据演示文稿的具体需求设置幻灯片背景。

可以选择纯色或渐变色，也可以选择纹理或者图案，还可以选择计算机中的图片作为所有幻灯片的背景或者某一张幻灯片的背景，使整个演示文稿看起来更丰富。

背景格式对话框中各填充效果设置方法如下。

- 纯色填充："填充"选项卡→"纯色填充"单选项→"颜色"按钮→选择合适的颜色。
- 渐变填充：渐变色是由两种或两种以上的颜色分布在画布上并均匀过渡。
- 纹理填充："填充"选项卡→"图片或纹理填充"单选项→纹理按钮→选择一种合适的纹理作为幻灯片背景。
- 图片填充："填充"选项卡→"图片或纹理填充"单选项→单击"文件"按钮或者"剪贴画"按钮→选择图片或者剪贴画作为幻灯片的背景。
- 图案填充："填充"选项卡→"图案填充"单选项→选择合适的图案选项→设置前景色和背景色。

7. 制作并使用幻灯片母版

母版是演示文稿特有的概念。母版用于存储演示文稿中的一些统一信息，相当于一个模板。这些模板信息包括文本、占位符的大小和位置、背景设计和主题等。

母版包括3种类型，分别是幻灯片母版、讲义母版和备注母版。

- 幻灯片母版。幻灯片母版用于存储与模板信息有关的设计模板，这些模板信息包括字形、占位符大小和位置、背景设计和配色方案等。
- 讲义母版。讲义母版是为了方便演讲者在演讲演示文稿时使用的纸稿，纸稿中显示了每张幻灯片的要点内容。
- 备注母版。备注母版是指演讲者在幻灯片下方输入的内容，根据需要可将这些内容打印出来。

第14小时
演示文稿基础知识（下）

14.1 幻灯片设计中的对象使用

【基础知识点】

1. 插入艺术字

艺术字拥有比普通文本更多的美化和设置功能，如渐变的颜色、个性的形状效果及立体效果等。选择"插入"→"文本"→"艺术字"命令，单击"艺术字"按钮下方的下拉按钮，在打开的下拉列表框中选择合适的艺术字效果，即可插入艺术字。

2. 插入图片

图片是演示文稿中十分重要的组成部分，在幻灯片中可以插入计算机中已有的图片，也可以插入PowerPoint自带的剪贴画。该方法的操作步骤如下。

- 为幻灯片选择带有内容占位符或剪贴画占位符的版式。
- 单击占位符中的"插入剪贴画"或"插入图片"按钮。
- 在弹出的"选择图片"或"剪贴画"对话框中选择合适的图片。

3. 插入SmartArt图形

每个SmartArt图形都有其设计好的文本和图形的组织方式，因此即使不是专业的设计师，也可以利用SmartArt图形使幻灯片所表达的内容更加突出和生动。

选择"插入"→"插图"→"SmartArt"命令，在打开的对话框中选择合适的SmartArt图形即可插入SmartArt图形。

4. 插入形状

演示文稿中的形状包括线条、矩形、基本形状、箭头汇总等。

5. 插入表格及图表

表格和图表是演示文稿中一种重要的数据显示工具，用好表格和图表是提升演示文稿质量和效率的最佳方法之一。

6. 插入媒体文件

为了改善幻灯片放映时的视听效果，可以向幻灯片中插入音乐、声音和影片剪辑等多媒体对象，使演示文稿更具吸引力。播放声音和音乐，要求计算机上有扬声器和声卡。

演示文稿支持的音频类型有多种，常见的可插入演示文稿的音频格式如下。

- WAV 波形格式：这种音频文件将声音作为波形存储，其存储声音的容量可大可小。
- MP3 音频格式：这种音频文件可以将音频压缩成容量较小的文件，且在音质丢失很小的情况下把文件压缩到最小，具有保真效果。
- AU 音频文件：这种音频文件通常用于 UNIX 计算机或者网站创建声音文件。
- MIDI 文件：这种音频文件是用于乐器、合成器和计算机之间交换音乐信息的标准格式。
- WMA 文件：这种音频文件格式以减少数据流量但保持音质的方法来达到更高的压缩率目的，生成的文件大小只有相应的 MP3 音频格式文件的一半。

常见的演示文稿支持的视频文件类型有以下几种。

- AVI：AVI 即音频视频交错格式，是将语音和影像同步组合在一起的文件格式。它对视频文件采用了有损压缩方式，压缩比较高。
- WMV：WMV 是微软推出的一种流媒体格式，在同等视频质量下，WMV 格式文件的体积比较小，因此适合在网上播放和传输。
- MPEG：MPEG 标准的视频压缩编码技术主要利用具有运动补偿的帧间压缩编码技术减少时间冗余度，利用 DCT 技术减小图像的空间冗余度，利用熵编码在信息表示方面减少统计冗余度，增强了压缩性能。

14.2 幻灯片动画设计

【基础知识点】

1. 设置幻灯片动画

幻灯片的动画效果实际上是为幻灯片中的各个对象设置动画效果，而每个动画效果是由一个或多个动作组合而成的。

（1）动画样式。幻灯片动画效果样式默认有四组，分别是"进入""强调""退出"效果和动作路径。

（2）设置开始方式。在"计时"组的"开始"下拉列表框中选择动画开始的方式，各项含义如下：
- 单击时：表示要单击鼠标后才开始播放该动画，这是默认的动画开始方式。
- 之前：表示设置的动画将与上一个动画同时开始播放，设置这种方式后，幻灯片中对象的序号将变得和前一个动画序号相同。
- 之后：表示设置的动画将在上一个动画播放完毕后自动开始播放，设置这种方式后，幻灯片中对象的序号将变得和前一个动画序号相同。

（3）设置计时。在动画窗格中单击动画选项右侧的下拉按钮，在打开的下拉列表中选择"计时"选项。在"计时"选项卡中可以设置动画延迟播放时间、重复播放次数和播放速度等。其各选项功能如下。
- "开始"：与"计时"组的"开始"下拉列表功能相同。
- "延迟"：设置动画延迟播放的时间。
- "速度"：设置动画播放的速度。
- "重复"：设置动画重复播放的次数。

（4）调整动画播放顺序。调整动画播放顺序有如下两种方法。
- 通过拖动鼠标调整：在动画窗格中选择要调整的动画选项，按住鼠标左键不放进行拖曳，此时有一条黑色的横线随之移动，当横线移动到目标位置时松开鼠标。
- 通过单击按钮调整：在动画窗格中选择要调整的动画选项，单击窗格下方的向上箭头按钮或向下箭头按钮，该动画效果会向上或向下移动一个位置。

2. 设置幻灯片切换动画

切换效果是指在幻灯片放映过程中，当一张幻灯片转到下一张幻灯片时所出现的特殊效果，能使幻灯片在放映时更加生动。

3. 创建超链接与动作按钮

在幻灯片中可以加入超链接和动作按钮使幻灯片具有动态效果，利用演示提供的动作按钮和超链接，可以在演示文稿中创建交互功能。动作按钮可以发挥强大的超链接功能，轻松地从当前幻灯片中链接到另一张幻灯片、另一个程序，或者互联网上的任何一个地方。

14.3 幻灯片放映设置

【基础知识点】

1. 放映与设置放映

在不同的场合、不同的使用环境中，同一份演示文稿可能需要不同的放映内容和放映顺序。可以使用"自定义放映"命令来设置不同的放映方式。

放映时全屏幕状态放映演示文稿，演讲者可以手动切换幻灯片和动画效果，也可以暂停演示文稿。放映幻灯片可以是全部幻灯片，也可以是其中一部分幻灯片。

2. 排练计时

使用排练计时,可以通过预演的方式,为每张幻灯片设置放映时间,使幻灯片能够按照设置的排练计时时间自动进行放映。

演示文稿进入排练计时状态时打开"录制"工具栏自动为幻灯片计时,通过单击鼠标或者按 Enter 键控制下一个动画出现的时间。结束放映后即弹出提示对话框,提示排练计时时间并询问是否保留幻灯片的排练时间,单击"是"按钮进行保存。

3. 打印演示文稿

演示文稿不仅可以进行现场演示,还可以将其打印到纸张上。演示文稿创建后,有其默认的大小和页面布局。若默认的大小和页面布局不能满足用户的需求,可设置大小和页面布局。

第15小时

演示文稿基础知识练习题

1. PowerPoint 的演示文稿可以保存为（　　），可以在没有安装演示文稿软件的机器上放映。
   A．PDF 文件　　　　　　　　　　B．PowerPoint 放映
   C．PowerPoint 图片演示文稿　　　D．pptx 文件
   答案：B

2. 在 PPT 中，应用版式后，版式（　　）。
   A．不能修改，也不能删除　　　　B．可以修改，也可以删除
   C．可以修改，但不能删除　　　　D．不能修改，但可以删除
   答案：C

3．（　　）是幻灯片缩小之后的打印件，可供观众观看演示文稿放映时参考。
   A．图片　　　　　　　　　　　　B．讲义
   C．演示文稿大纲　　　　　　　　D．演讲者
   答案：B

4．在 PowerPoint 中，若想在一屏内观看多张幻灯片的大致效果，可采用的方法是（　　）。
   A．切换到幻灯片放映视图　　　　B．缩小幻灯片
   C．切换到幻灯片浏览视图　　　　D．切换到幻灯片大纲视图
   答案：C

5．为了查看幻灯片能否在 20 分钟内完成自动播放，需要为其设置（　　）。
   A．超级链接　　B．动作按钮　　C．排练计时　　D．录制旁白
   答案：C

6．在 PowerPoint 中，超级链接一般不可以链接到（　　）。
   A．文本文件的某一行　　　　　　B．某个幻灯片
   C．因特网上的某个文件　　　　　D．某个图像文件

答案：A

7. 下列关于 PowerPoint 内置主题的描述中，正确的是（　　）。

    A．可以定义版式、背景样式、文字格式

    B．可以定义版式，但不可以定义背景样式、文字格式

    C．不可以定义版式，但可以定义背景样式、文字格式

    D．可以定义版式和背景样式，但不可以定义文字格式

    答案：A

8. 在 PowerPoint 中，如果幻灯片上所插入的图片盖住了先前输入的文字，则可使用右键快捷菜单中的（　　）命令来调整。

    A．设置图片格式　　　　　　　　　　B．组合

    C．叠放次序　　　　　　　　　　　　D．添加文本

    答案：C

9. PowerPoint 提供了多种（　　），它包含了相应的配色方案、母版和字体样式等，可供用户快速生成风格统一的演示文稿。

    A．版式　　　　B．模板　　　　C．背景　　　　D．幻灯片

    答案：B

10. 演示文稿中每一张演示的单页称为（　　），它是演示文稿的核心。

    A．版式　　　　B．模板　　　　C．母版　　　　D．幻灯片

    答案：D

11. 当新插入的图片遮挡原来的对象时，最适合调整的方法是（　　）。

    A．调整剪贴画的大小

    B．调整剪贴画的位置

    C．删除这个剪贴画，更换大小合适的剪贴画

    D．调整剪贴画的叠放次序，将被遮挡的对象提前

    答案：D

12. 在 PowerPoint 中，为精确控制幻灯片的放映时间，可使用（　　）功能。

    A．幻灯片效果切换　　　　　　　　　B．自定义动画

    C．排练计时　　　　　　　　　　　　D．录制旁白

    答案：C

13. 在 PowerPoint 中打开一个具有多张幻灯片的演示文稿，此演示文稿已经应用了母版，那么对母版的修改将直接反映在（　　）幻灯片上。

    A．每张　　　　　　　　　　　　　　B．当前

    C．当前幻灯片之后的所有　　　　　　D．当前幻灯片之前的所有

    答案：A

14. 在 PowerPoint 编辑状态，不能插入幻灯片的操作是（　　）。

A．单击工具栏中的"新幻灯片"按钮
B．右击左边指定的幻灯片，选择"新幻灯片"命令
C．从"插入"下拉菜单中选择"新幻灯片"命令
D．从"文件"下拉菜单中选择"新建"命令或单击工具栏中的"新建"按钮

答案：D

15．在 PowerPoint 中，超级链接一般不可以链接到（　　）

A．某文本文件的某一行　　　　　　B．某幻灯片
C．因特网上的某个文件　　　　　　D．某图像文件

答案：A

16．下列关于 PowerPoint 幻灯片放映的叙述中，不正确的是（　　）。

A．可以进行循环放映
B．可以自定义幻灯片放映
C．只能从头开始放映
D．可以使用排练计时功能，实现幻灯片自动切换

答案：C

17．下列关于 PowerPoint 幻灯片打印的叙述中，正确的是（　　）。

A．只能从第 1 张幻灯片开始打印　　B．可以选择部分幻灯片打印
C．只能打印全部幻灯片　　　　　　D．只能打印当前幻灯片

答案：B

第16小时
制作出版物

16.0 章节考点分析

第 16 小时主要学习制作出版物的基本流程，并通过案例展现使用出版物软件 Publisher 2010 制作出版物的思路和操作方法。本小时学习内容架构图如下：

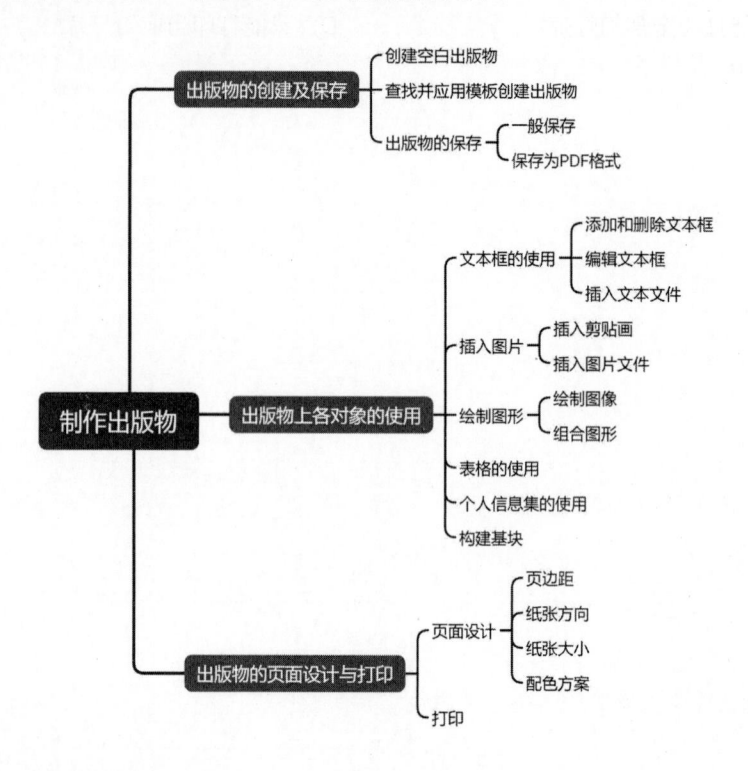

```
制作出版物
├── 出版物的创建及保存
│   ├── 创建空白出版物
│   ├── 查找并应用模板创建出版物
│   └── 出版物的保存
│       ├── 一般保存
│       └── 保存为PDF格式
├── 出版物上各对象的使用
│   ├── 文本框的使用
│   │   ├── 添加和删除文本框
│   │   ├── 编辑文本框
│   │   └── 插入文本文件
│   ├── 插入图片
│   │   ├── 插入剪贴画
│   │   └── 插入图片文件
│   ├── 绘制图形
│   │   ├── 绘制图像
│   │   └── 组合图形
│   ├── 表格的使用
│   ├── 个人信息集的使用
│   └── 构建基块
└── 出版物的页面设计与打印
    ├── 页面设计
    │   ├── 页边距
    │   ├── 纸张方向
    │   ├── 纸张大小
    │   └── 配色方案
    └── 打印
```

16.1 Publisher 初识

【基础知识点】

1. Publisher 基本概念

Publisher 2010 是 Microsoft Office 2010 组件之一，是完整的企业发布和营销材料解决方案，可以在企业内部比以往更轻松地设计、创建和发布专业的营销和沟通材料，它能提供比 Microsoft Word 更强大的页面元素控制功能，但比起专业的页面布局软件来还略逊一筹。

2. 出版物

出版物是指以传播为目的储存知识信息并具有一定物质形态的出版产品。传统的出版物都是印刷品，包括报纸、杂志、图书、简历、小海报和名片等。

3. 创建出版物的一般思路

利用 Publisher 可以轻松地创建小册子、新闻稿、明信片、贺卡等出版物，而这些出版物中一般都使用了文本、图片或图形，制作出版物的过程就是对这些对象进行设置、对页面进行设计的过程。

用 Publisher 制作出版物一般按照以下 4 个步骤进行。

- 获取素材：文字素材、图像素材的收集。
- 对象设置：对文字、图片、图形等素材对象进行设置。
- 页面设计：对页面大小、背景等进行设置。
- 输出：打印或发布为 HTML。

16.2 出版物的创建及保存

【基础知识点】

1. 创建空白出版物

- 单击"文件"→"新建"。
- 在"可用模板"下，单击"空白"出版物→"创建"。
- 如果没有发现所需大小的空白模板，可单击"更多空白页面大小"。

2. 查找并应用模板创建出版物

Publisher 可以应用内置模板、自定义模板，也可以从 Office.com 上搜索可用的模板。Office.com 提供了常用的 Publisher 模板，包括新闻稿和海报的各种模板。

要查找并应用 Publisher 中的模板，可按下列操作进行。

- 单击"文件"→"新建"。
- 在"可用模板"下，执行下列操作之一：
    ◆ 若要使用已安装的模板，请单击"我的模板"，选择所需模板后单击"创建"按钮。
    ◆ 若要使用 Publisher 中安装的预建模板之一，请在"最常用"或"更多模板"下单击所需的类别，选择所需的模板后单击"创建"按钮。
- 在"搜索模板"框中输入要搜索的模板，在"Office.com 模板"下选择所需的模板类别，单击"下载"按钮。

3. 出版物的保存

（1）一般保存。单击"文件"→"保存"，设置保存的文件名和路径。制作的出版物文件默认的扩展名为".pub"，也可以将文件保存为文本文件、Word 文件或图形文件等格式。

（2）保存为 PDF 格式。如果出版物已经制作完成，不再进行修改了，可以保存为 PDF 文件。单击"文件"→"另存为 Adobe PDF"。但是出版物在保存为 PDF 格式之前，会先要求保存为.pub 格式。

16.3 出版物上各对象的使用

【基础知识点】

1. 文本框的使用

文字是出版物的重要内容，也是最基本的内容，而文字的格式以及段落的编排又直接影响出版物的视觉效果。

在 Publisher 中处理文字与在 Word 等文字处理软件中有所不同。Word 等文字处理软件创建的文档是以文字为主要内容的，当文档建立并打开后就可以输入文字。而要在 Publisher 中添加文字则必须先添加文本框，在文本框内才能输入文字。文本框的操作包括添加和删除、编辑等。

（1）添加和删除文本框。
- 添加文本框。在"开始"选项卡或"插入"选项卡选择"绘制文本框"或"绘制竖排文本框"，在出版物的适当位置进行绘制，在文本框内输入文字即可。
- 删除文本框。选择要删除的文本框，按键盘"Delete"键或在右键菜单中选择"删除对象"就可以删除文本框。

（2）编辑文本框。
- 选择添加的文本框，在其内输入文字内容，可以进行两种格式的设置：一种是文本框的格式设置；另一种是文本框内文字格式的设置。在功能区会同时出现"绘图工具"格式和"文本框工具"格式选项卡。
- 编辑文本框。通过"绘图工具"格式选项卡，可以对文本框进行"形状填充""形状轮廓""阴影效果""三维效果"等图形方面的设置。
- 编辑文本框内的文字。通过"文本框工具"格式选项卡，可以对文字进行"字体""文字方向""文字对齐方式""分栏""首字下沉"等文字及段落的设置。

（3）插入文本文件。如果文本框内的文字内容是以文件的形式保存在别的文件中，选择文本框→"插入"选项卡→"文本"组→"插入文件"，选择要插入的文件，即可将文件中的文本内容插入到选择的文本框中。

2. 插入图片
- 插入剪贴画。选择"插入"选项卡→"插图"组→"剪贴画"按钮,在窗口右侧打开的"剪贴画"窗格中"搜索文字"栏中输入剪贴画名称→搜索,即可出现相应剪贴画。
- 插入图片文件。选择"插入"选项卡→"插图"组→"图片"按钮,文件选择框中选择要插入的图片→"插入"按钮,图片即可插入到文件中,拖放至合适的位置,调整大小及方向即可。

3. 绘制图形
- 绘制图像。选择"插入"选项卡→"插图"功能区→"形状"按钮,选择想要的图形,在页面适当位置按住鼠标左键进行绘制。
- 组合图形。通过鼠标绘制的每一个图形是独立的,若要将各个独立的图形组合成一个整体,则要使用图形的"组合"功能。将各个独立的图形绘制好,并放在合适的位置后,鼠标单击选择一个图像,按住 Shift 键再单击选择另外的图形,所有要组合的图形选择完后,在鼠标右键菜单中选择"组合"命令,选择的所有独立的图形即组合为一个整体的图形。

4. 表格的使用

新建一个空白的出版物,单击"插入"选项卡选择"表格",拖曳鼠标产生相应的行列数,即在空白处产生相应的表格。选择插入的表格,通过"表格工具"的"设计"选项卡和"布局"选项卡对表格进行格式的设置和表格内文字的设置。

5. 个人信息集

业务信息集是有关个人或组织的自定义信息组,可用于快速填入出版物(如名片和传单)中的相应位置。

6. 构建基块

构建基块是可重用对象,包括页面部件、日历、边框和强调线、广告和业务信息。用户可以访问,并在任何时候重复使用构建基块。用户还可以创建和保存自己的构建基块。这些自定义构建基块可以是图形、文本,甚至其他构建基块的组合。

16.4 出版物的页面设计与打印

【基础知识点】

1. 页面设计

在 Publisher 中,页面设计包括页面边距、纸张大小、纸张方向、配色方案及背景色等。Publisher 已自动为出版物设置了默认页面格式,可以根据具体情况来对出版物的页面设置进行必要的调整。

(1)页边距。选择"页面设计"选项卡→"页面设置"组→"页边距",在弹出的列表中可以选择 Publisher 内置的一些尺寸大小,也可以选择"自定义边距"。打开"版式参考线"对话框,可以根据"边距参考线""网格参考线""基线参考线"进行边距的设置。

（2）纸张方向。在"纸张方向"中可以设置"纵向"和"横向"两种格式。

（3）纸张大小。单击"纸张大小"→"页面设置"，弹出"页面设置"对话框，在该对话框中可以设置纸张的尺寸和出版物页面的尺寸，从而可以预览到在一张纸上可以打印几个出版物页面。

（4）配色方案。在 Publisher 中内置了一些配色方案，选择不同的配色方案，出版物页面上有颜色的区域就会根据所选的配色方案进行变化。

2．打印

选择"文件"→"打印"，显示"打印"对话框，同时具有"预览"功能，可以选择打印的份数、纸张大小、纸张方向等。检查无误后，选择"打印"按钮进行打印。

第17小时 制作出版物练习题

1. 使用（ ）可以快速创建出版物。
   A．幻灯片　　　B．模板　　　C．参考线　　　D．构建基块
   答案：B
2. 将出版物保存为（ ）格式后，其内容将无法修改。
   A．PDF 文件　　　　　　　　B．Word 2010 文档
   C．Publisher 模板　　　　　D．Publish 文件
   答案：A
3. 在设置"页边距"时，下面所列选项，（ ）不是在"版式参考线"中设置的。
   A．表格参考线　　　　　　　B．边距参考线
   C．网格参考线　　　　　　　D．基线参考线
   答案：A
4. 下面所列选项，（ ）属于"纸张方向"。
   A．横向　　　B．水平　　　C．垂直　　　D．斜角
   答案：A
5. 下面所列选项，（ ）不能设置页面"背景"。
   A．文字颜色　　B．纯色背景　　C．渐变背景　　D．填充背景
   答案：A
6. 下面所列选项，（ ）不能在"打印"对话框中设置或显示。
   A．背景颜色　　B．预览　　　C．打印份数　　D．纸张大小
   答案：A
7. 出版物文件默认的扩展名为（ ）。
   A．docx　　　B．pub　　　C．pubx　　　D．pdf

答案：B

8. 在 Publisher 中，可以通过（ ）对象向页面中添加文字。
   A．文本框　　　　B．图形　　　　　C．信息集　　　　D．剪贴画
   答案：A

9. 下列（ ）选项，可以给出版物中的图片添加标题。
   A．绘制文本框　　B．标题　　　　　C．模板　　　　　D．图片边框
   答案：A

10. 在 Publisher 中，想将编辑过的图片恢复到编辑前的状态，可以通过（ ）命令。
    A．重设图片　　　B．更改图片　　　C．取消　　　　　D．裁剪
    答案：C

11. 在 Publisher 中，通过（ ）可以快速设置绘制的图形样式。
    A．图片样式　　　B．形状演示　　　C．更改形状　　　D．旋转
    答案：C

12. 在 Publisher 中，通过（ ）命令可以设置图片的环绕方式。
    A．更改图片　　　B．文字环绕　　　C．自动换行　　　D．旋转
    答案：B

13. 在 Publisher 中，设置文字的首字下沉时，可以选择下沉和（ ）两种效果。
    A．上凸　　　　　B．悬挂　　　　　C．下凹　　　　　D．分栏
    答案：B

14. 在 Publisher 中，要重复使用某个对象，可以将该对象建立为（ ）。
    A．构建基块　　　B．模板　　　　　C．文本　　　　　D．图形
    答案：A

15. 要在出版物中添加个人姓名、单位、电话等信息，可以通过（ ）基块完成。
    A．页面部件　　　B．日历　　　　　C．业务信息　　　D．广告
    答案：C

第18小时 Visio 图形设计（上）

18.0 章节考点分析

第 18~19 小时主要学习 Visio 图形设计的基本概念和操作方法，并结合不同的案例来展现图形设计的思路和操作方法。本小时学习内容架构图如下：

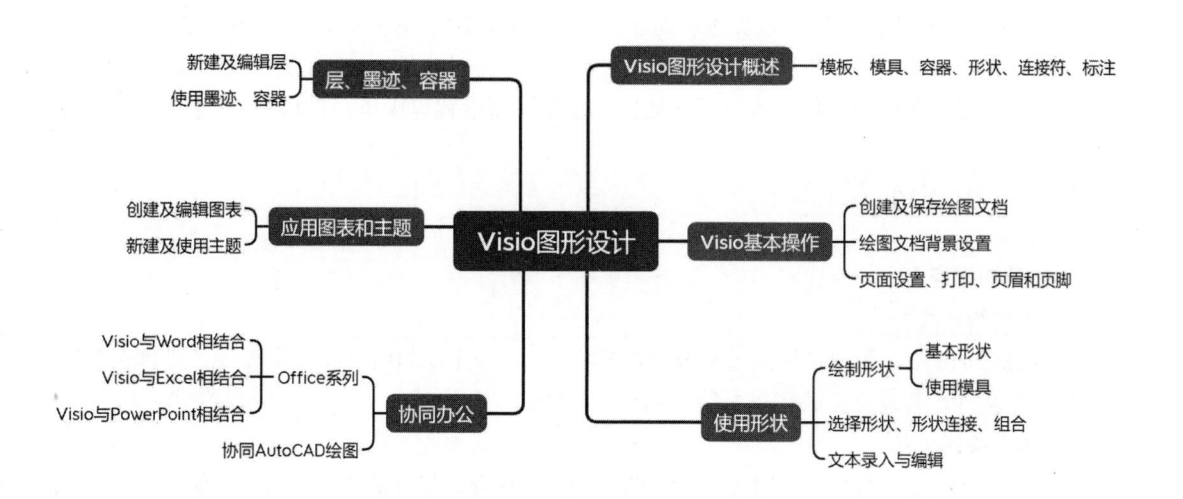

18.1　Visio 图形设计概述

【基础知识点】

1. 基本概念

Visio 是一款商业图表绘制软件，具有操作简单、功能强大、可视化的操作界面等特点，可以用不同的形状来描述用户的思想，最终以形象化的图形、图像等不同的方式和其他使用者进行资源共享。

2. 模板

模板是为了实现特定功能，由样式、命令、偏好设置以及模具等元素组成的集合。

3. 模具

模具就是图件或形状的组合。

4. 形状

形状通常由行为和属性构成，属性主要是为了帮助识别和标注该形状，行为可以让使用者快速地和其他图形进行连接。

5. 连接符

连接符是形状之间用来连接的各种线段，并且可以通过自动延伸、缩短以及改变角度等方式维持图形之间的连接。

6. 标注

标注是用来对图形进行注释说明。

7. Visio 图形一般思路

通过 Visio 图形设计软件可以快速地创建工程图、流程图、图表以及项目管理图等图形，在图形设计的过程中，经常使用图片、文本以及形状等元素，图形的具体实现过程就是将这些元素放置在绘图区，通过形状组合，用文本进行功能描述以及页面设置等操作，最后以不同的形式输出。

18.2　Visio 基本操作

【基础知识点】

1. 创建绘图文档

在 Visio 2010 中，用户可以通过系统自带模板、现有文档、Office.com 模板等方式建立自己所需要的绘图文件，其建立方式可以参照"制作出版物"。

2. 保存绘图文档

在 Visio 2010 中，用户可以对编辑的绘图文档进行保存，保存通常可以分为"保存""另存为""自动存储"三种，默认扩展名为".vsd"。

3. 背景设置

背景通常分为系统预置背景和新建图形背景两种，在使用预置背景时，会自动产生一个背景页，通过对背景页的编辑，可以将编辑后的效果显示到绘图页。

（1）添加和编辑背景。选择"设计"选项卡→"背景"功能组→"背景"工具按钮，在列表中选中系统预置背景，在背景页中编辑图形，就可以把该图形显示到绘图页。

（2）更改背景色调。选择"设计"选项卡→"背景"功能组→"背景"工具按钮→"背景色"选项，在弹出的菜单中选择"默认颜色""主题颜色""标准色""无填充"中的任一项即可实现。

4. 绘图打印

（1）文档页面设置。合理的页面设置，可以使文档具有不错的排版效果，页面设置一般包括纸张方向、纸张大小、打印设置等。

（2）打印与打印预览。打印预览就是预先向用户呈现打印后的文档效果。可以以单个平铺页、上一个平铺页和下一个平铺页等方式预览。

快速打印就是将编辑好的文档通过默认打印机打印出来，是一种最为简单的打印方式。

5. 页眉和页脚

页眉和页脚通常用来显示文件名、创建日期和时间、页码等信息，页眉和页脚分别处于文档的顶部和底部，并且只会出现在打印的绘图上和打印预览模式下的屏幕上，不会出现在绘图页上。

（1）新建页眉页脚。选择"文件"→"打印"→"打印预览"→"页眉和页脚"工具按钮→"页眉和页脚"对话框，分别输入页眉内容和页脚内容。

（2）删除页眉页脚。清除"页眉和页脚"对话框中页眉和页脚区域的全部内容，即完成删除操作。

18.3 使用形状

【基础知识点】

1. 绘制形状

（1）基本形状。选择"开始"选项卡→"工具"功能组→"矩形"下拉按钮→"矩形""椭圆""折线""任意多边形""弧形""铅笔"中的任一项，即可完成基本形状的绘制。

（2）使用模具。模具是 Visio 系统自带的各种图形或者图像的组合，可以快速地提高用户制图的效率。选择"形状"窗格→"更多形状"，在弹出的选项中选择相应的模具分类，在列表中选择所需要的模具，拖到绘图页中即可。

2. 选择形状

在 Visio 2010 中，形状的选择可以分为规则和不规则两类。规则形状的选择可以参照"文字处理"中的图形应用部分。

（1）不规则形状可以通过"开始"选项卡→"编辑"功能组→"选择"下拉按钮→"套索选择"进行选择。

（2）按类型选择。选择"开始"选项卡→"编辑"功能组→"选择"下拉按钮→"按类型选择"选项→"按类型选择"对话框，按"形状类型""形状角色""图层"等方式进行形状选择，单击"确定"即可完成。

3. 形状连接

（1）自动连接。选择"视图"选项卡→"视觉帮助"功能组→"自动连接"复选框，单击形状四周的三角符号即可实现两个形状的连接。

（2）手动连接。选择"形状"窗格→"直线-曲线连接线""动态连接线"选项中的一个，将连接线的两个端点分别移动到两个连接的形状上面即可。

4. 形状组合

组合可以将不同位置的形状变成一个整体，调整叠放次序可以使图形达到不同的效果。

5. 文本

文本在图形中的主要功能就是对图形的关键环节进行文字描述，可以通过"开始"选项卡→"工具"功能组→"文本"功能按钮进行添加。

第19小时
Visio 图形设计（下）

19.1 应用图表和主题

【基础知识点】

1. 插入图表

选择"插入"选项卡→"插图"功能组→"图表"工具按钮，在数据源表中输入所需要的数据即可。

2. 编辑图表

编辑图表不但包含了编辑图表的数据源，还可以改变图表类型、图表标题、图例等内容。

3. 使用主题

（1）使用系统预置主题。选择"设计"选项卡→"主题"功能组→"主题"下列按钮，在弹出的列表主题中选择"无主题"选项，就可以取消形状设置的主题。

（2）新建主题。选择"设计"选项卡→"主题"功能组→"效果"下拉按钮→"新建主题效果"选项→"新建主题效果"对话框进行设置。

- "常规"设置主题效果名称。
- "文本"可以设置用到的字体。
- "线条"可以设置图案样式、边框粗细、透明度以及圆角类型。
- "填充"可以设置形状的填充颜色以及透明度。
- "阴影"用来设置形状所产生的阴影样式、偏移的位置以及缩放。
- "连接线"可以用来设置连接线的图案样式、粗细、透明度，还有连接线的起始点等。

19.2 层

【基础知识点】

1. 基本概念

层在 Visio 中本身是不可见的,但可以在每一层放入不同的对象,也可以为每层设置不同的属性实现对形状的分组管理。

2. 编辑层属性

选择"开始"选项卡→"编辑"功能组→"层"下拉按钮→"层属性"选项进行设置。

3. 为层分配对象

通过层分配,可为该图层分配对象;通过层属性,可以设置不同层具有不同的显示效果。

19.3 使用墨迹和容器

【基础知识点】

1. 墨迹

单击"审阅"选项卡→"标记"功能组→"墨迹"功能按钮,就可以在绘图页实现墨迹绘制;通过"笔"选项卡→"墨迹书写工具""笔"功能组,完成对墨迹的笔迹、粗细、颜色等的设置。

2. 容器

容器就是用来放置其他图件或形状的一种形状,它可以非常清晰地描述出区域内图件或者图形的关系,并且可以通过对容器的操作来完成对一组图形或者形状成员的编辑。

容器可以随着形状的添加自动调整大小,通过删除形状来减小容器,也可以通过对容器的锁定,禁止向容器内添加、减少成员形状。

(1)插入容器。选择"插入"选项卡→"图部分"功能组→"容器"工具按钮,在弹出的列表中选择用户所需类型即可。

(2)编辑容器。选中容器对象,单击"格式"选项卡→"大小""样式""容器样式""成员资格"等功能组,完成对容器对象大小、样式、标题、锁定等属性的编辑。

19.4 协同办公

【基础知识点】

1. Visio 与 Word 相结合

(1)将 Visio 嵌入在 Word 文件中。选中 Visio 文档中的对象,选择"复制"→"粘贴""选择性粘贴"选项即可。

(2)将 Word 文档嵌入在 Visio 中。选择 Word 中的文本内容,选择"复制",打开 Visio 绘图页，选择"粘贴"选项即可。

（3）在 Word 文档中插入 Visio 对象。打开 Word 文档，选择"插入"选项卡→"文本"功能组→"对象"下拉按钮→"对象"对话框→"有文件创建"选项卡→"浏览"命令按钮，选择需要插入的 Visio 文档，选择"链接到文件"和"显示为图标"单击"确定"按钮。

2. Visio 与 Excel 相结合

（1）Visio 中链接 Excel 表格。在 Visio 绘图页中，单击"插入对象"→"插入对象"对话框→"Microsoft Excel 工作表"，选择需要插入的文件即可实现。

（2）应用组织结构图。Visio 可以通过已经存在的外部数据文件或者手动录入数据的方式快速建立组织结构图。

单击"文件"→"新建"→"组织结构图向导"→"Excel 文件类型"→"浏览"命令按钮，选择需要具有隶属关系的 Excel 工作表，在弹出的"组织结构图向导"对话框中分别添加需要显示的字段和形状数据字段，单击"完成"按钮。

3. Visio 与 PowerPoint 相结合

通过"复制""粘贴"将选中的 Visio 图形嵌入在 PowerPoint 文档中。

4. 协同 AutoCAD 绘图

（1）Visio 中嵌入 AutoCAD 图形。单击"插入"选项卡→"插图"功能组"CAD"工具按钮→"CAD 绘图属性"对话框→"常规"选项卡，设置页面比例，通过"图层"选项卡对颜色、线条粗细、可见性等相关属性进行设置。

（2）在 AutoCAD 中使用 Visio 图形。打开 AutoCAD 文档，单击"插入"选项卡→"OLE"选项命令→"插入对象"对话框→"由文件创建"，选择 Visio 文档，并使"链接"复选框处于选中状态即可。

第20小时
Visio 图形设计练习题

1. 根据模板新建绘图文件时，主要有最近使用的模板、（　　）与 Office.com 模板三种。
   A．绘图模板　　　B．模板类别　　　C．我的模板　　　D．基本模板
   答案：B

2. 在 Visio 中，将已有的绘图文件打开编辑后，可以通过（　　）功能，改变该文档的文件类型。
   A．保存　　　　　B．另存为　　　　C．自动存储　　　D．复制粘贴
   答案：B

3. （　　）表示所选形状处于锁定状态，用户无法对其进行调整大小或旋转等操作。
   A．控制手柄　　　B．选择手柄　　　C．锁定手柄　　　D．旋转手柄
   答案：C

4. 按（　　）快捷键可以将当前绘图页中的所有形状选中。
   A．Ctrl+A　　　　B．Ctrl+B　　　　C．Alt+A　　　　D．Alt+B
   答案：A

5. 在 Visio 图形设计中，按住（　　）键可以绘制正方形和正圆。
   A．Ctrl　　　　　B．Shift　　　　　C．Alt　　　　　D．Delete
   答案：B

6. 在 Visio 中，可以使用（　　）键复制文本。
   A．Ctrl+A　　　　B．Ctrl+C　　　　C．Ctrl+Z　　　　D．Ctrl+X
   答案：B

7. 在 Visio 中的主题不仅可以应用到当前绘图页中，而且还可以应用到（　　）中。
   A．模板　　　　　B．其他文档　　　C．所有绘图页　　D．其他 Office 组件
   答案：C

8．可以在"保护"对话框中，启用（　　）复选框来保护形状不受主题的影响。

　　A．"文本"与"格式"

　　B．"起点"与"终点"

　　C．"阻止应用主题颜色"与"阻止应用主题效果"

　　D．"阻止选取"与"阻止删除"

　　答案：C

9．在绘图页中选择形状，右击"外部数据"窗口并执行（　　）选项，即可将数据链接到形状中。

　　A．将数据链接到形状　　　　　　B．链接到形状

　　C．链接到绘图　　　　　　　　　D．刷新链接

　　答案：A

10．用户可以通过"数据图形"中的（　　）方式，用颜色来表示形状数据的唯一值与范围值。

　　A．文本　　　　B．数据栏　　　　C．图标集　　　　D．按值显示颜色

　　答案：D

11．在 Visio 2010 中除了可以新建空白绘图文档之外，还可以通过（　　）来建立绘图文档。

　　A．模具　　　　B．形状　　　　　C．模板　　　　　D．图表

　　答案：C

12．（　　）是形状周围的控制点，只有在选择形状时才会显示。

　　A．形状手柄　　B．控制手柄　　　C．旋转手柄　　　D．控制点

　　答案：A

第 21 小时 数据库应用基础知识

21.0　章节考点分析

第 21 小时主要学习数据库应用的基本概念以及数据库管理系统的基本理论。本小时学习内容架构图如下：

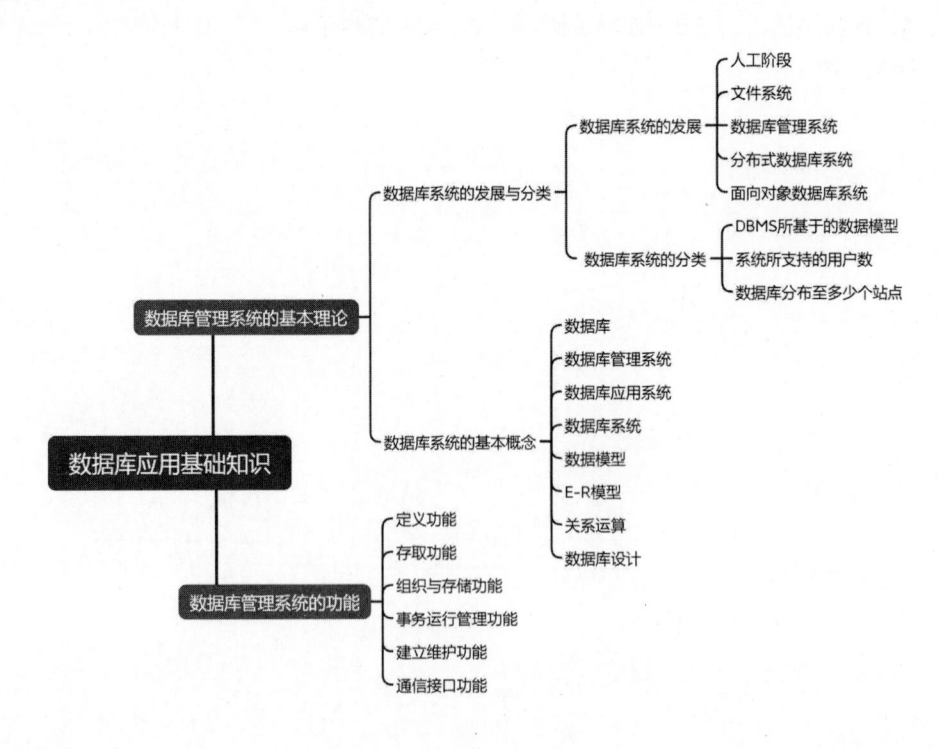

```
数据库应用基础知识
├─ 数据库管理系统的基本理论
│   ├─ 数据库系统的发展与分类
│   │   ├─ 数据库系统的发展
│   │   │   ├─ 人工阶段
│   │   │   ├─ 文件系统
│   │   │   ├─ 数据库管理系统
│   │   │   ├─ 分布式数据库系统
│   │   │   └─ 面向对象数据库系统
│   │   └─ 数据库系统的分类
│   │       ├─ DBMS所基于的数据模型
│   │       ├─ 系统所支持的用户数
│   │       └─ 数据库分布至多少个站点
│   └─ 数据库系统的基本概念
│       ├─ 数据库
│       ├─ 数据库管理系统
│       ├─ 数据库应用系统
│       ├─ 数据库系统
│       ├─ 数据模型
│       ├─ E-R模型
│       ├─ 关系运算
│       └─ 数据库设计
└─ 数据库管理系统的功能
    ├─ 定义功能
    ├─ 存取功能
    ├─ 组织与存储功能
    ├─ 事务运行管理功能
    ├─ 建立维护功能
    └─ 通信接口功能
```

21.1 数据库管理系统的基本理论

【基础知识点】

1. 数据库系统的发展
- 人工阶段。20世纪50年代中期以前，计算机主要用于科学计算。没有专门管理数据的软件，数据管理任务（包括存储结构、存取方法、输入/输出方式等）完全由程序设计人员负责。
- 文件系统。20世纪50年代后期到60年代中期，计算机的应用不仅用于科学计算，而且大量用于管理。操作系统中有了专门进行数据库管理的软件，称为文件系统。
- 数据库管理系统。20世纪60年代后期以来，计算机用于管理的规模更为庞大，应用越来越广泛，为解决多用户、多应用共享数据的需求，使数据为尽可能多的应用提供服务，出现了数据库技术和统一管理数据的专门软件系统即数据库管理系统。
- 分布式数据库系统。数据库技术与网络通信技术的结合产生了分布式数据库系统。网络技术的发展为数据库提供了分布式运行环境，从主机到终端的体系结构发展到客户机/服务器系统结构。
- 面向对象数据库系统。数据库技术与面向对象程序设计技术结合产生了面向对象数据库系统。面向对象数据库系统采用了面向对象的观点来描述现实世界实体的逻辑组织、对象之间的限制和联系等。

2. 数据库系统的分类
- 系统所基于的数据模型。当前许多商业数据库管理系统（Database Management System，DBMS）中所用的主要数据模型是关系数据模型。有些商业系统中实现了对象数据模型，但是未得到广泛使用。

基于数据模型，可以将 DBMS 划分为以下几类：关系 DBMS、对象 DBMS、对象-关系 DBMS、层次 DBMS、网状 DBMS 以及其他 DBMS。

- 系统所支持的用户数。单用户系统一次只支持一个用户，大多数情况下，这种系统都用在个人计算机上。多用户系统占 DBMS 的大多数，可同时支持多个用户。
- 数据库分布至多少个站点。如果 DBMS 只位于一个计算机上，那么这个 DBMS 就是集中式的。

分布式 DBMS（DDBMS）可以使实际的数据库和 DBMS 软件分布在多个站点上，并通过一个计算机网络相连接。同构 DDBMS 在多个站点上使用同样的 DBMS 软件。

3. 数据库

数据库（Database，DB）是统一管理的、长期存储在计算机内的有组织的相关数据的集合。其特点是数据间联系密切、冗余度小、独立性较高、易扩展并且可以为各类用户共享。

4. 数据库管理系统

数据库管理系统是对数据进行科学地组织和存储，帮助用户高效地获取或维护数据的系统软件。数据库管理系统是位于用户与操作系统之间的一层数据管理软件。它的主要功能是为用户或应用程序提供访问数据库的方法，包括数据库的建立、查询、更新及各种数据控制。

5. 数据库应用系统

数据库应用系统指系统开发人员利用数据库系统资源开发的面向某一类实际应用的软件系统。

6. 数据库系统

数据库系统（Database System）是指引进数据库技术后的计算机系统，能实现有组织地、动态地存储大量的相关数据，提供数据处理和信息资源共享的便利手段。

7. 数据模型

数据模型是用来描述现实世界中的事物及其联系的，它将数据库中的数据按照一定的结构组织起来，并能反映事物本身及事物之间的各种联系。

- 常用数据模型。
    - 层次模型（Hierarchical Model）：用树型结构表示实体及其之间的联系。
    - 网络模型（Network Model）：用网状结构表示实体及其之间的联系。
    - 关系模型（Relational Model）：用二维表结构来表示实体及其之间的联系。
    - 面向对象数据模型（Object Oriented Model）：用对象、类型、继承和方法等基本面向对象技术构造的实体及其之间的联系。
- 关系模型常用术语。
    - 关系、元组、属性、域、关系模式、主关键字、外部关键字。
- 关系数据库的主要特点：
    - 关系中的每个属性必须是不可分割的数据项（表中不能再包含表）。
    - 关系中每一列元素必须是同一类型的数据，来自同一个域。
    - 关系中不能出现相同的字段。
    - 关系中不能出现相同的记录。
    - 关系中的行、列次序可以任意交换，不影响其信息内容。

8. E-R 模型

E-R（实体-联系）模型是一种描述信息世界的重要手段。E-R 模型独立于具体的计算机系统。

E-R 模型的主要成分是实体、联系和属性，通常可用 E-R 图来表示：矩形表示实体型，矩形框内为实体名；椭圆表示属性，椭圆框内为属性名；菱形表示联系，菱形框内为联系名。

- 实体：客观存在并可相互区分的事物，同一类型实体的集合构成实体集。
- 属性：实体所具有的某一特性，一个实体可以由若干个属性来刻画，实体名和各个属性名的集合构成实体型。
- 联系：现实世界的事物之间存在的联系，包括实体内部的联系和实体之间的联系。

9. 关系运算

关系运算符有四类：集合运算符、专门的关系运算符、算术比较符合逻辑运算符。

根据运算符的不同，关系代数运算可分为传统的集合运算和专门的关系运算。

- 传统的集合运算。并（Union）、差（Difference）、交（Intersection）。
- 选择运算。从关系中找出满足给定条件的那些元组称为选择。其中的条件是以逻辑表达式给出的，值为真的元组将被选取。这种运算是从水平方向抽取元组。
- 投影运算。从关系模式中挑选若干属性组成新的关系称为投影。这是从列的角度进行的运算，相当于对关系进行垂直分解。
- 连接运算。连接运算是从两个关系的笛卡儿积中选择属性间满足一定条件的元组。
- 除法运算。在关系代数中，除法运算可理解为笛卡儿积的逆运算。

10. 数据库设计

数据库设计（Database Design）是指根据用户的需求，在某一具体的数据库管理系统上，设计数据库的结构和建立数据库的过程。

通常数据库的设计可分为以下 6 个阶段：

- 需求分析阶段。该阶段调查和分析用户的业务活动和数据的使用情况，掌握所用数据的种类、范围、数量以及它们在业务活动中交流的情况，确定用户对数据库系统的使用要求和各种约束条件等，形成用户需求分析报告。
- 概念设计阶段。该阶段对用户要求描述的现实世界，通过分类、聚集和概括，建立抽象的概念数据模型。这个概念模型应反映现实世界各部门的信息结构、信息流动情况、信息间的互相制约关系以及各部门对信息储存、查询加工的要求等。
- 逻辑设计阶段。该阶段主要工作是将现实世界的概念数据模型设计成数据库的一种逻辑模式，即适应于某种特定数据库管理系统所支持的逻辑数据模式。
- 物理设计阶段。该阶段根据特定数据库管理系统所提供的多种存储结构和存取方法等依赖于具体计算机结构的各项物理设计措施，对具体的应用任务选定最合适的物理存储结构。
- 测试阶段。该阶段是在数据系统投入使用之前，通过精心制定的测试计划和测试数据来测试系统的性能是否满足设计要求，发现问题。
- 运行维护阶段。该阶段数据库应用系统经过测试、试运行后即可正式投入运行。运行维护是系统投入使用后，必须不断地对其进行评价、调整与修改，直至系统消亡。

21.2 数据库管理系统的功能

【基础知识点】

1. 数据库定义功能

数据库定义提供数据定义语言，让用户能够方便地定义数据库的逻辑结构、存储结构和存储路径，描述对数据的完整性和安全性等要求。

2. 数据存取功能

数据存取提供数据操纵语言，在保证数据的完整性和安全性的基础上，方便、高效地实现数据的查找、插入、修改和删除等操作。

3. 数据组织与存储功能

数据组织与存储把需要在数据库中存储的数据，包括用户数据、存储路径、数据字典等，进行合理组织，并确定数据的逻辑结构和物理存储方式，以提高存储空间利用率和存取效率。

4. 事务运行管理功能

事务运行管理提供事务运行管理及运行日志、事务运行的安全性监控和数据完整性检查、事务的并发控制及系统恢复等功能。

5. 数据库建立维护功能

数据库建立维护包括数据库初建、数据转换、数据库转储、数据库重组和重构、系统性能监视分析等，为数据库管理员提供一系列维护工具软件，用于提高系统运行效率。

6. 通信接口功能

为了提高数据库系统的开发性，扩大应用范围，数据库管理系统提供与其他类型数据库系统或软件之间的格式转换和网络通信功能，实现异构数据库互访和互操作。

第22小时
数据库应用基础知识练习题

1. Access 属于（　　）数据库管理系统。
   A. 关系　　　　　B. 层次　　　　　C. 网状　　　　　D. 属性
   答案：A

2. 当前，大部分商业 DBMS 中所用的主要数据模型是（　　）。
   A. 层次模型　　　B. 关系模型　　　C. 网状模型　　　D. 对象模型
   答案：B

3. 单个用户使用的数据视图的描述属于（　　）。
   A. 外模式　　　　B. 概念模式　　　C. 内模式　　　　D. 存储模式
   答案：A

4. 数据库中只存放视图的（　　）。
   A. 操作　　　　　B. 对应的数据　　C. 定义　　　　　D. 限制
   答案：C

5. 在 Access 2007 中，若想查询所有姓名为 2 个汉字的学生记录，应在准则中输入（　　）。
   A. "LIKE**"　　　B. LIKE "**"　　　C. "LIKE??"　　　D. LIKE "??"
   答案：D

6. 用二维表来表示实体及实体之间联系的数据模型是（　　）。
   A. 联系模型　　　B. 层次模型　　　C. 网状模型　　　D. 关系模型
   答案：D

7. Access 数据库对象中，（　　）是实际存放数据的地方。
   A. 表　　　　　　B. 模式　　　　　C. 报表　　　　　D. 窗体
   答案：A

8. 下列关于主键的叙述中，不正确的是（　　）。

A．Access 2007 并不要求在每一个表中都必须包含一个主键
B．在一个表中只能指定一个字段为主键
C．在输入数据或对数据进行修改时，不能向主键的字段输入相同的值
D．利用主键可以加快数据查找
答案：B

9．在一个数据库中存储着若干个表，这些表之间可以通过（　　）建立关系。
A．内容不相同字段　　　　　　　B．内容全部相同字段
C．第一个字段　　　　　　　　　D．最后一个字段
答案：B

10．某金融企业正在开发移动终端非现场办公业务，为控制数据安全风险，采取的数据安全措施中并不包括（　　）。
A．身份认证　　　　　　　　　　B．业务数据存取权限控制
C．传输加密　　　　　　　　　　D．数据分散存储于各网点
答案：D

11．为了加快数据库的访问速度，可以对数据库建立并使用（　　），它在数据库的整个生命周期都存在。
A．数据表　　B．主键　　C．记录　　D．索引
答案：D

12．在设计数据库的时候要使用标准化原则，标准化有助于消除数据库中的数据冗余。标准化有多种形式，其中（　　）通常被认为在性能、扩展性和数据完整性方面达到了最好平衡。
A．1NF　　B．2NF　　C．3NF　　D．4NF
答案：C

13．在 Access 中使用参数查询时，应将条件栏中的参数提示文本写在（　　）中。
A．()　　B．{}　　C．[]　　D．< >
答案：C

14．在 Access 中可以定义三种主键，其中（　　）不属于主键的设置方法。
A．自动编号主键　　　　　　　　B．手动编号主键
C．单字段主键　　　　　　　　　D．多字段主键
答案：B

15．在 Access 的一个数据表中含有图片，那么图片所在的字段通常被定义为（　　）数据类型。
A．备注　　B．超链接　　C．OLE 对象　　D．文本
答案：C

16．Access 中可以使用表达式，在表达式中出现的"&"运算符的含义是（　　）。
A．连接文本　　　　　　　　　　B．相乘
C．注释　　　　　　　　　　　　D．仅仅是一个字符

108

答案：A

17. Access 2000 数据库文件使用（　　）作为扩展名。
    A．MDB　　　　B．ACC　　　　C．DBF　　　　D．DB
    答案：A

18. 在数据库表中，可以唯一标识一条记录的字段叫作（　　）。
    A．索引　　　　B．记录编号　　C．主键　　　　D．外键
    答案：C

19. Access 数据库属于（　　）。
    A．层次数据库　B．网状数据库　C．关系数据库　D．面向对象数据库
    答案：C

20. 在数据库中能够唯一标识一个元组的属性或属性的组合称为（　　）。
    A．关键字　　　B．字段　　　　C．记录　　　　D．关系
    答案：A

21. 下列关于关系型数据库基本概念的叙述中，不正确的是（　　）。
    A．索引可以确保数据查询的准确率
    B．主键是数据库中具有唯一性的字段
    C．实体可以是具体的人、事或物，也可以是抽象的概念
    D．实体所具有的某一特性称为属性
    答案：A

第23小时 计算机网络与互联网

23.0 章节考点分析

第 23 小时主要学习计算机网络和互联网基本知识，讲述网络新技术——移动互联网、物联网和云计算的概念及应用领域。本小时学习内容架构图如下：

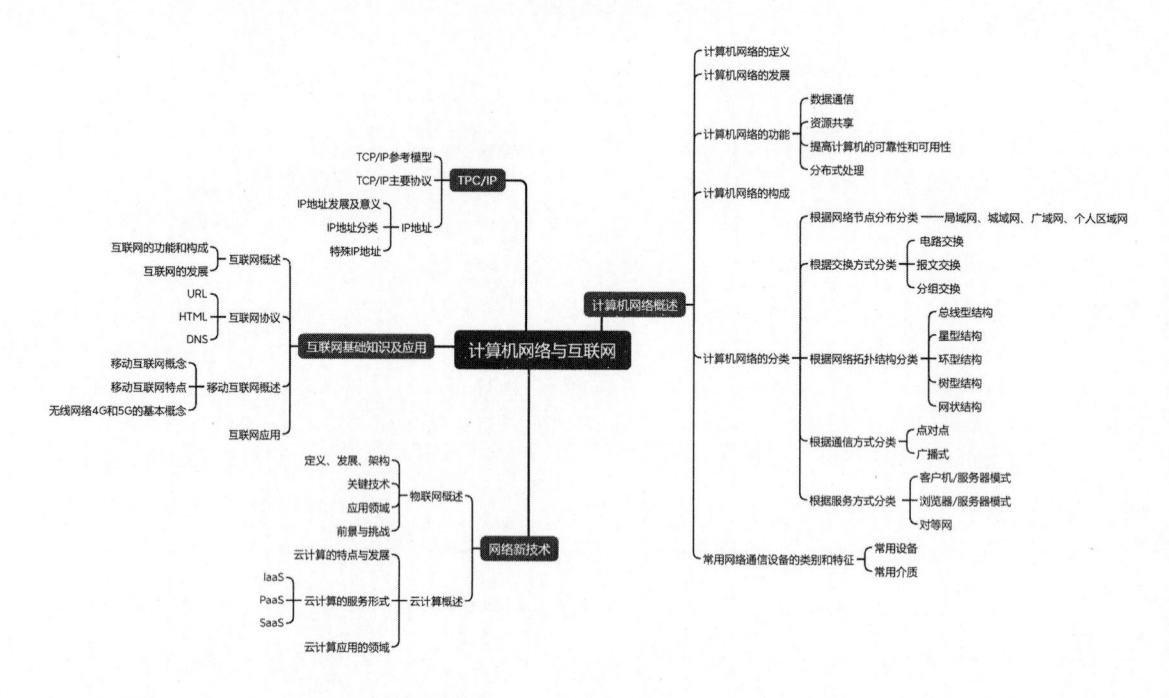

23.1　计算机网络概述

【基础知识点】

1. 计算机网络的定义

计算机网络是指通过线路互连起来、自治的计算机的集合。即将分布在不同地理位置上的具有独立工作能力的计算机、终端及其附属设备用通信设备和通信线路连接起来，按照网络协议进行数据通信，实现资源共享和信息传递的信息系统。

- 网络通信的目的是共享资源。
- 网络中的计算机是分散且具有独立功能的。
- 有一个全网性的网络操作系统。

2. 计算机网络的发展

计算机网络起源于 20 世纪 60 年代的美国，它最早应用于军事领域，后来进入民用领域。经过近 60 年的不断发展和完善，现已广泛应用于社会的各个领域。

计算机网络发展分为 4 个阶段：

第一阶段：萌芽阶段，20 世纪 60—70 年代。特点：实验性网络；代表：ARPANET。

第二阶段：局域网阶段，20 世纪 70 年代中后期。特点：局域网；代表：以太网。

第三阶段：标准建立阶段，20 世纪 80 年代。以太网迅速发展，IEEE 802 标准建立。

第四阶段：Internet 盛行，20 世纪 90 年代以后。

3. 计算机网络的功能

- 数据通信。数据通信是计算机网络的最基本的功能之一，可以使分散在不同地理位置的计算机间相互传送信息。
- 资源共享。资源共享包括硬件共享、软件共享和数据共享。
- 提高计算机的可靠性和可用性。主要表现在计算机连成网络之后，各计算机之间可以通过网络互为备份，提高系统的可靠性和可用性。
- 分布式处理。利用网络技术将计算机连成高性能分布式计算机系统，使它具有解决复杂问题的能力。

4. 计算机网络的构成

计算机网络通常由 3 部分组成，分别是资源子网、通信子网和通信协议。

（1）资源子网是计算机网络中面向用户的部分，负责全网络面向应用的数据处理工作。

（2）通信子网就是计算机网络中负责数据通信的部分。

（3）通信协议是通信双方必须共同遵守的规则和约定。协议包括三要素：语法，即用来规定信息的格式；语义，用来说明通信双方应当怎么做；时序，即详细说明事件的先后顺序。

5. 计算机网络的分类

- 根据网络节点分布可分为：局域网、城域网、广域网、个人区域网。

- 根据交换方式可分为：电路交换（Circuit Switching）、报文交换（Message Switching）、分组交换（Packet Switching）。
- 根据网络拓扑结构可分为：总线型结构、星型结构、环型结构、树型结构、网状结构。
- 根据通信方式可分为：点对点传输网络、广播式传输网络。
- 根据服务方式可分为：客户机/服务器模式（C/S 结构）、浏览器/服务器模式（B/S 结构）、对等网。

6. 常用网络通信设备

- 网卡。网卡又称为网络适配器或网络接口卡（Network Interface Card，NIC）。网卡通常有两种：一种插在计算机主板插槽中；另一种集成在主板上。网卡的主要功能是将计算机处理的数据转换为能够通过介质传输的信号。

网卡由网卡驱动程序和网卡硬件两部分组成。驱动程序使网卡和网络操作系统兼容，实现计算机与网络的通信，支持硬件通过数据总线实现计算机和网卡之间的通信。

在网络中，如果一台计算机没有网卡，或者没有安装驱动程序，那么这台计算机也将不能和其他计算机通信。

- 集线器。集线器（Hub）的主要功能是对接收到的信号进行再生整形放大，以扩大网络的传输距离，同时把所有节点集中在以它为中心的节点上。

集线器与网卡、网线等传输介质一样，属于局域网中的基础设备，采用 CSMA/CD（即带冲突检测的载波监听多路访问技术）介质访问控制机制。

集线器每个接口简单地收发比特，收到 1 就转发 1，收到 0 就转发 0，不进行碰撞检测。

- 交换机。交换机（Switch）是一种用于电信号转发的网络互联设备，还具有物理编址、错误校验及信息流量控制等功能，有的还具有路由器和防火墙等功能。
- 路由器。路由器（Router）能在复杂的互联网络中为经过该设备的每个信息单元，寻找一条最佳传输路径，并将其有效地转到目的节点。路由器具有判断网络地址和选择连接路径的功能，从而能大大提高通信速度，提高网络系统畅通率。
- 传输介质。网络中信号传输的载体，是连接信息收发双方的物理通道，分为有线介质和无线介质两大类。不同的传输介质，传输信号的能力、有效距离、造价等性质均不同。
  - 有线介质：包括双绞线、光纤等。
  - 无线介质：包括微波、无线电波、红外线、蓝牙等。

23.2 TCP/IP

【基础知识点】

1. TCP/IP 的概念

TCP/IP 是一个协议簇，其中最重要的协议是传输控制协议（Transfer Control Protocol，TCP）和网际协议（Internet Protocol，IP）。

TCP/IP 是当前最流行的商业化协议，被公认为当前的工业标准或事实标准。

TCP 和 IP 是两个独立且紧密结合的协议，TCP 负责和远程主机的连接，IP 负责寻址，使报文送达目的方。

2. TCP/IP 参考模型

TCP/IP 参考模型将计算机网络划分为 4 个层次：

- 应用层：负责处理特定的应用程序数据，为应用层软件提供网络接口。
- 传输层：为两台主机间的进程提供端到端的通信。
- 网络层：确定数据包从源端到目的端的选择路由。
- 主机网络层：规定了数据包从一个设备的网络层传输到另一个设备的网络层的方法。

3. TCP/IP 主要协议

- TCP：面向连接的、保证高可靠性的传输层协议；通过三次握手建立连接、通信完成时要拆除链接；TCP 用于端到端的传输。
- UDP：面向无连接的、不可靠的传输；应用于面向查询—应答的服务。
- ICMP：传送 IP 的控制信息；用来提供有关通向目的地址的路径信息。
- IP：将多个包交换网络连接起来，在源地址和目的地址之间传送数据包；提供对数据大小的重新组装功能，以适应不同网络对包大小的要求；使用报头的校验码，不提供重发和流量控制，不提供可靠的传输服务，不提供端到端的确认，对数据没有差错控制。

4. IP 地址

IP 地址是指互联网协议地址，是 IP 提供的一种统一的地址格式，为互联网上的每一台主机分配一个逻辑地址，以此来屏蔽物理地址的差异。

Internet 委员会定义了 5 种 IP 地址类型以适合不同容量的网络，即 A 类～E 类。其中 A、B、C 三类，由 Internet NIC 在全球范围内统一分配，D、E 类为特殊地址。

- A 类地址最多能有 126 个网络，A 类地址的范围为 1～126，每个网络最多能有 16777214 台主机。该类地址适合大型网络使用。A 类地址的第一位为 0。
- B 类地址最多能有 16383 个网络，B 类地址的范围为 128～191，每个网络能有 65534 个主机。该类地址适合中型网络使用。B 类地址以 10 开头。
- C 类地址以 110 开头，C 类地址的范围为 192～223，最多能有 2097150 个网络，每个网络最大主机数为 254，该类地址适合小型网络使用。
- D 类地址不分网络地址和主机地址，它的第 1 个字节的前 4 位固定为 1110。D 类地址的范围是 224.0.0.1～239.255.255.254。D 类地址又称为广播地址，仅供特殊协议向选定的节点发送信息时使用。
- E 类地址（前 4 位是 1111）保留为以后用。

几种常见的特殊 IP 地址：

◆ 直接广播地址。在 A、B、C 类地址中，若主机号为全 1，则这个地址称为直接广播地址。

- 受限广播地址。IP 地址为 255.255.255.255，这个地址用于定义在当前网络上的广播地址。
- 这个网络上的主机。IP 地址为 0.0.0.0，表示这个网络上的主机。
- 这个网络上的特定主机。具有全 0 网络号的 IP 地址表示在这个网络上的特定主机，用于当某个主机向同一网络上的其他主机发送报文。
- 环回地址。第一个字节等于 127 的 IP 地址作为环回地址，这个地址用来测试机器的软件。

5. IPv6 地址

IPv6 地址由 128 位二进制代码表示，采用冒号十六进制的记法表示，它把每个 16 位的值用十六进制值表示，各值之间用冒号分隔。

相比 IPv4，IPv6 具有以下优势：

- IPv6 具有更大的地址空间，IPv6 中 IP 地址的长度为 128 位。
- IPv6 使用更小的路由表，提高了路由器转发数据包的速度。
- IPv6 具有更高的安全性。
- 在需要时，IPv6 协议允许扩充。

23.3 互联网基础知识及应用

【基础知识点】

1. 互联网概念

Internet 也称国际互联网，是全球最具影响力的计算机互联网络，它在通信、资源共享、信息查询等方面，给人们的生产和生活带来了极大的方便。

Internet 是由分布在世界各地的、数以万计的、各种规模的计算机网络，借助于网络互联设备——路由器，互相连接而形成的全球性互联网络。

2. 互联网的功能

互联网是指多个计算机网络相互连接而成的一个网络，它是在功能和逻辑上组成的一个大型网络。

从技术使用角度，国际互联网的主要功能可分为以下几类：即电子邮件、远程登录、文件传输、客户机/服务器连接、网络电话、网络传真、网络可视会议等。

3. 互联网的发展

互联网最早产生于 1969 年美国国防部的高级研究规划署，最初的目的是远程计算机的数据共享，后来发展成将世界各地的计算机及计算机网络连接起来，形成了一个无边无际的超级大网。

1986 年，美国国家科学基金会（National Science Foundation）建立了大学之间互联的骨干网络 NSFNET，这是互联网历史上重要的一步。

整个 20 世纪 90 年代，互联网成功地容纳了原有的计算机网络中的大多数。

1994年，NSFNET转为运营商，成为今天全世界的人所共知的互联网络的前身。

1987年9月20日，从钱天白教授在北京向德国凯尔斯鲁厄大学发出第一封电子邮件开始，互联网正式在中国大陆地区运行。

我国于1994年4月正式接入因特网。1996年形成了中国科技网（CSTNET）、中国教育和科研计算机网（CERNET）、中国公用计算机互联网（CHINANET）和中国金桥信息网（CHINAGBN）四大具有国际出口的网络体系。前两个网络用于科研，后两个网络面向大众服务，属于商业性质。

4. 互联网协议

互联网主要由URL、HTML、DNS等协议构成。

- 统一资源定位符（URL）。对可以从互联网上得到的资源的位置和访问方法的一种简洁的表示。

URL给资源的位置提供一种抽象的识别方法，并用这种方法给资源定位。

统一资源定位符的语法是一般的、可扩展的，它使用ASCII码的一部分来表示互联网的地址。

- 超文本传输协议（HTTP）。面向事务的应用层协议，它是万维网上能够可靠地交换文件（包括文本、声音、图像等各种多媒体文件）的重要基础。

HTTP有两类报文：①请求报文——从客户向服务器发送请求报文；②响应报文——从服务器到客户的回答。

- 域名系统及DNS协议。域名系统（Domain Name System）是因特网使用的命名系统，用来把便于人们使用的机器名字转换为IP地址。

顶级域名又分为国家顶级域名，如.cn代表中国，.us代表美国；通用顶级域名，如.net代表网络服务机构，.org代表非营利组织，.com代表公司企业，.gov代表政府部门。

二级域名是指顶级域名之下的域名，在国际顶级域名下，它是指域名注册人的网上名称，如Yahoo、Microsoft等。

三级域名用字母（A~Z，a~z）、数字（0~9）和连接符组成，各级域名之间用实点连接。三级域名的长度不能超过20个字符。

5. 移动互联网概念

移动互联网是互联网与移动通信各自独立发展后互相融合的新兴市场，目前呈现出互联网产品移动化强于移动产品互联网化的趋势。

在技术层面，以宽带IP为技术核心，可以同时提供语音、数据和多媒体业务的开放式基础电信网络。

在终端层面，用户使用手机、上网本、笔记本电脑、平板电脑、智能本等移动终端，通过移动网络获取移动通信网络服务和互联网服务。

6. 移动互联网的特点

移动互联网是互联网与移动通信应用高度融合的产物。移动互联网与桌面互联网共享着互联网的核心理念和价值观。

移动互联网有实时性、隐私性、便携性、准确性、可定位的特点，日益丰富和智能的移动装置是移动互联网的重要特征之一。

从客户需求来看,移动互联网以运动场景为主,碎片时间、随时随地,业务应用相对短小精悍。移动互联网的特点可以概括为以下几点。

- 终端移动性。
- 业务使用的私密性。
- 终端和网络的局限性。
- 业务与终端、网络的强关联性。

7. 无线网络 4G 的特点

- 4G 能够以 100Mb/s 的速率传输高质量的视频图像数据,通话只是 4G 手机的一个基本功能。
- 4G 终端可以实现便携式计算机、便携式电视机的很多重要功能。
- 4G 移动通信系统具备全球漫游、接口开放、终端多样化。能与 2G、3G 系统兼容。

8. 无线网络 5G 的特点

- 减少数据通道中的网络元素,从而减少运营成本和资本支出。
- 在运用新型的应用中,一定程度上减少数据在传输过程中的损耗。
- 将整个通信系统中的延迟最小化,如果无线链路中的延迟被增强,也会在系统中得到完整识别。
- 分别独立改善无线网与核心网,使之相比从前的网络,拥有更好的拓展性,也可以建立更灵活的网络结构。
- 发展一个更灵活的核心网络,这个核心网可以作为基站,在移动终端与通用 IP 接入网中提供更新颖的服务。
- 创建一个更具有竞争力的平台,对于有线网络来说,具有价格和性能表现上的优势。
- 扁平化的网络结构在网络中去除了语音功能导向中的分层。

9. 浏览器的应用

浏览器是一个软件程序,用于与 WWW 建立链接,并与之进行通信。在 WWW 系统中根据链接确定信息资源的位置,将用户感兴趣的信息资源取出来,对 HTML 进行解释,然后将文字、图像或者多媒体信息还原出来。

- 浏览网页。打开浏览器软件后,在地址栏输入要浏览网页的域名或 IP 地址就可以访问网站。
- 设置默认主页。默认主页是启动浏览器时直接进入的网页。

设置方法:在 IE 浏览器窗口选择"工具"菜单中的"Internet 选项",在"常规"选项卡中的"主页"一栏输入默认主页的地址,设置完成后,单击"确定"按钮。

- 收藏网页。对自己喜欢的网页可以进行分类收藏。

在 IE 浏览器选择"收藏夹"菜单中的"添加到收藏夹"命令,并为收藏的网页命名,选择创建位置,然后单击"添加"按钮即可完成收藏网页操作。

- 保存网页。如果需要将某一网页保存,可以选择"文件"菜单中的"另存为"命令,打开"保存网页"对话框,选择要保存网页的位置,输入文件名,单击"保存"按钮即可完成保存网页操作。
- 打印网页。在浏览器窗口中打开"文件"菜单,选择"打印"命令,在弹出的对话框中可以设置打印选项,设置完成后单击"打印"按钮即可打印。

打印之前也可以通过选择"打印预览"命令查看打印效果。
- 搜索信息。在互联网的海量信息中,快速找到自己所需要的信息,主要通过搜索引擎。搜索引擎是根据一定的策略、运用特定的计算机程序搜集互联网上的信息,再对信息进行组织和处理,并将处理后的信息显示给用户,是为用户提供检索服务的系统。
- 网上信息下载。用户可以从 Internet 上下载信息,也可以把信息上传到互联网上,让其他用户共享。

10. 文件传输

文件传输是指一个文件或其中的一部分从一个计算机系统传到另一个计算机系统。

FTP 用于 Internet 控制文件的双向传输。同时,它也是一个应用程序。用户可以通过它把自己的计算机与其他运行 FTP 协议的服务器相连。

FTP 使用客户机/服务器方式,一个 FTP 服务器进程可同时为多个客户进程提供服务。

FTP 的服务器进程由主进程和从属进程两大部分组成:一个主进程,负责接受新的请求;另外有若干从属进程,负责处理单个请求。

常用的文件传输工具有 WinSCP、FreeFTP、GoFTP、FireFTP 等。

11. 即时通信

即时通信软件是通过即时通信技术来实现在线聊天、交流的软件,如 QQ、MSN、微信等。

即时通信软件具有如下特点:收发文字、文本信息;组织结构的显示;用于在线的状态感知;语音、视频通话;通讯录功能;消息提醒功能。

12. 电子邮件

电子邮件是一种用电子手段实现信息交换的通信方式,是 Internet 应用最广的服务。

电子邮件(Electronic Mail,E-mail)是一种通过计算机网络与其他用户联系的电子式邮政服务,也是当今使用最广泛且受欢迎的通信方式。

通过电子邮件系统,不仅可以发送文字信息,还可以发送各种声音、图像和影像等多媒体信息,而且不受地域限制。
- 电子邮件地址。电子邮件地址是一串英文字母和特殊符号的组合,由符号@分成两部分,中间不能有空格和逗号。

一般形式为 username@hostname。其中,username 是用户申请的账号,即用户名,通常由用户的姓名和其他具有用户特征的标识命名;符号@读作 at,翻译成中文是"在"的意思;hostname 是邮件服务器的域名,即主机名,用来标识邮件服务器在 Internet 中的位置,也就是用户在邮件服务器上的信箱所在。
- 电子邮件的格式。电子邮件一般由信头和信体两部分组成。

信头:相当于信封,通常包括以下几项内容:

- 发送人：发送者的 E-mail 地址，它是唯一的。
- 收件人：收件人的 E-mail 地址，因为可以一次给多人发信，所以收件人的地址可以有多个，多个收件人的地址用分号（;）或逗号（,）隔开。
- 抄送：表示发送给收件人的同时也可以发送到其他人的 E-mail 地址，可以是多个地址。
- 主题：信件的标题。

作为一个可以被发送的信件，它必须包括发送人、收件人和主题三部分。

信体：相当于信件的内容，可以是单纯的文字，也可以是超文本，还可以包含附件。

- 电子邮箱。电子邮箱是人们在网络保存邮件的存储空间，一个电子邮箱对应一个 E-mail 地址，有了电子邮箱才能收发邮件。

23.4 网络新技术

【基础知识点】

1. 物联网的定义

物联网是在互联网、移动通信网等通信网络的基础上，针对不同应用领域的需求，利用具有感知、通信与计算能力的智能物体自动获取物理世界的各种信息，将所有能够独立寻址的物理对象互连起来，实现全面感知、可靠传输、智能处理，构建人与物、物与物互连的网络智能信息服务系统。

2. 物联网的发展

第一阶段（2010年之前）特点是：基于射频识别（RFID）技术实现低功耗、低成本的单个物体间的互联，并在物流、零售、制药等领域开展局部的应用。

第二阶段（2010—2015 年）特点是：利用传感网与无处不在的 RFID 标签实现物与物之间的广泛互联，针对特定的产业制定技术标准，并完成部分网络的融合。

第三阶段（2015—2020 年）特点是：具有可执行指令的 RFID 标签广泛应用，物体进入半智能化，物联网网间互联标准制定完成，网络具有高速数据传输能力。

第四阶段（2020 年之后）特点是：物体具有完全的智能响应能力，异构系统能够实现协同工作，人、物、服务与网络达到深度融合。

3. 物联网的架构

物联网本身的结构复杂，系统多样，一般将物联网的结构分为感知层、网络层、应用层三个层次。

- 感知层。是实现物联网全面感知的基础。主要功能是通过传感设备识别物体，采集信息。
- 网络层。是服务于物联网信息汇聚、传输和初步处理的网络设备和平台。负责对传感器采集的信息进行安全无误的传输，并对收集到的信息进行分析处理，而且将结果提供给应用层。
- 应用层。主要解决信息处理和人机界面问题，即输入输出控制终端，如手机、智能家电的控制器等，主要通过数据处理及解决方案来提供人们所需要的信息服务。

应用层直接接触用户，为用户提供丰富的服务功能，用户通过智能终端在应用层上定制需要的服务信息，如查询信息、监控信息、控制信息等。

4. 物联网关键技术
- RFID 技术。RFID 技术由以下几个方面结合而成：第一，是在某一个事物上有标识的对象，是 RFID 电子标签；第二，RFID 读写器，读取或者写入附着在电子标签上的信息，可以是静态，也可以是动态的；第三，RFID 天线，是用在读写器和标签之间做信号的传达。
- 传感网络技术。物联网经常处在自然环境中，传感器会受到环境恶劣的考验。对于传感器技术的要求会更加严格，更加苛刻。

传感器可以采集大量信息，它是许多装备和信息系统必备的信息摄取手段。若无传感器对最初信息的检测、交替和捕获，所有控制与测试都不能实现。

传感器技术的突破和发展有 3 个方面：网络化、感知信息、智能化。

- 纳米技术。随着传感器技术的快速发展，小体积、低功耗、高性能的微传感器开始受到人们的重视，并开始大规模应用。

利用纳米技术制造的纳米传感器可完成现有传感器所不能完成的功能。纳米技术的优势在于使得物联网中体积越来越小的物体能够进行交互和连接。

5. 物联网的应用领域
- 工业领域：产品设备管理、能源管理、工业安全生产管理。
- 农业领域：温室环境信息的采集和控制、节水灌溉的控制和管理、环境信息和动植物信息的检测。
- 智能家居领域：家庭智能化、小区智能化和城市智能化三者之间融成一个真正广义的智能控制网。
- 医疗领域：整合的医疗保健平台、电子健康档案系统。
- 环境监测领域：主要是通过实施地表水水质的自动监测，实现水质的连续监测和远程监控。
- 智能交通领域：公交行业无线视频监控平台、智能公交站台、电子票务、车管专家和公交手机"一卡通"。
- 物流领域：供应链网络优化、供应链的可视性。
- 智能校园领域：电子钱包、身份识别和银行圈存。

6. 物联网的前景与挑战

尽管物联网应用前景广阔，人们也应该认识到物联网的发展不是一蹴而就的。物联网面临的挑战包括安全和隐私、数据保护、资源控制、信息共享、标准制定、服务开放性和互操作性等。

7. 云计算的概念

云计算是一种商业计算模型，它将计算任务分布在大量计算机构成的资源池上，使用户能够按需获取计算力、存储空间和信息服务。云计算是分布式计算、并行计算和网络计算的发展。

计算资源分布在网络侧大量的计算机上，而非本地计算机或单台集中式远程服务器中，用户通过接入互联网，利用云提供的编程接口、云计算终端软件或者浏览器访问云提供的不同服务，把

"云"作为数据存储以及应用服务的中心。

8. 云计算的特点

云计算的特点有：超大规模、虚拟化、高可靠性、通用性、高可伸缩性、按需服务、极其廉价。

9. 云计算的服务形式

- 基础框架即服务（IaaS）。提供给消费者的服务是处理能力、存储、网络和其他基本的计算资源，用户能够利用这些计算资源部署和运行任意软件，包括操作系统和应用程序。
- 平台即服务（PaaS）。提供给消费者的服务是把客户使用支持的开发语言和工具（如 Java、Python、.Net 等）开发或者购买的应用程序部署到供应商的云计算基础设施上。
- 软件即服务（SaaS）。提供给消费者的服务是运营商运行在云计算基础设施上的应用程序，消费者可以在各种设备上通过瘦客户端界面访问，如浏览器（例如基于 Web 的邮件）。

10. 云计算的应用领域

云计算的应用领域有：医药医疗领域、制造领域、金融与能源领域、电子政务领域、教育科研领域、电信领域。

第24小时
计算机网络与互联网练习题

1. 小李是某厂的信息技术员，他的工作是负责搜集企业的外部信息，下列（　　）不属于小张的信息搜集范围。

  A．法律法规　　　　　　　　　　B．影响该厂产品销售的自然气候

  C．与该厂生产的产品有关的技术信息　　D．与该厂产品销售有关的文化活动

  答案：D

2. （　　）是企业为提高核心竞争力，利用相应的信息技术以及互联网技术协调企业与客户间在营销和服务上的交互，从而提升其管理方式，向客户提供创新式的个性化的客户交互和服务的过程。

  A．客户关系管理（CRM）　　　　　B．供应链管理（SCM）

  C．企业资源计划（ERP）　　　　　D．计算机辅助制造（CAM）

  答案：A

3. 企业上云就是企业采用云计算模式部署信息系统。企业上云已成为企业发展的潮流，其优势不包括（　　）。

  A．将企业的全部数据、科研和技术都放到网上，以利共享

  B．全面优化业务流程，加速培训育新产品、新模式、新业态

  C．从软件、平台、网络等各方面，加快两化深度融合步伐

  D．有效整合优化资源，重塑生产组织方式，实现协同创新

  答案：A

4. 火车站供旅客取票使用的终端属于（　　）。

  A．PC终端　　　B．移动终端　　　C．自助终端　　　D．物联终端

  答案：C

5. 网站一般使用（　）协议提供 Web 浏览服务。

　　A．FTP　　　　B．HTTP　　　　C．SMTP　　　　D．POP3

　　答案：B

6. 某机构准备发布中国互联网发展年度报告。报告分四个方面：全网概况、访问特征、渠道分析和行业视角。用户 24 小时上网时间分布应属于（　）方面的内容。

　　A．全网概况　　B．访问特征　　C．渠道分析　　D．行业视角

　　答案：B

7. 某互联网公司建立的用户画像（标签化的用户信息）包括人员属性和行为特征两大类,（　）属于行为特征。

　　A．性别　　　　B．年龄段　　　　C．消费偏好　　　D．工作地点

　　答案：C

8. 网络有线传输介质中，不包括（　）。

　　A．双绞线　　　B．红外线　　　　C．同轴电缆　　　D．光纤

　　答案：B

9. 网络互联设备不包括（　）。

　　A．集线器　　　B．路由器　　　　C．浏览器　　　　D．交换机

　　答案：C

10. 以下关于电子邮件的叙述中，不正确的是（　）。

　　A．发送电子邮件时，通信双方必须都在线

　　B．一封电子邮件可以同时发送给多个用户

　　C．可以通过电子邮件发送文字、图像、语音等信息

　　D．电子邮件比人工邮件传送迅速、可靠，且范围更广

　　答案：A

11. 以下关于计算机网络协议的叙述中，不正确的是（　）。

　　A．网络协议就是网络通信的内容

　　B．制定网络协议是为了保证数据通信的正确、可靠

　　C．计算机网络的各层及其协议的集合，称为网络的体系结构

　　D．网络协议通常由语义、语法、变换规则三部分组成

　　答案：A

12. OSI/RM 协议模型的最底层是（　）。

　　A．应用层　　　B．网络层　　　　C．物理层　　　　D．传输层

　　答案：C

13. 使用 IE 浏览器上网时，可以把喜欢的网页保存到（　）中，以便于再次浏览。

　　A．历史　　　　B．收藏夹　　　　C．主页　　　　　D．Cookie

　　答案：B

14. 组建计算机网络的目的是（　　）。
    A．数据处理　　　　　　　　　　B．文献检索
    C．资源共享和信息传输　　　　　D．信息转储
    答案：C

15. 若需访问"中国计算机技术职业资格网站"，则应在浏览器地址栏输入网址（　　）。
    A．www,ruankao,org,cn　　　　　B．www-ruankao-org-cn
    C．www.ruankao.org.cn　　　　　D．www/ruankao/org/cn
    答案：C

第25小时
信息安全与法律法规

25.0 章节考点分析

【基础知识点】

第 25 小时主要学习计算机网络和互联网基本知识，并在此基础上，讲述网络新技术——移动互联网、物联网和云计算的概念及应用领域。本小时学习内容架构图如下：

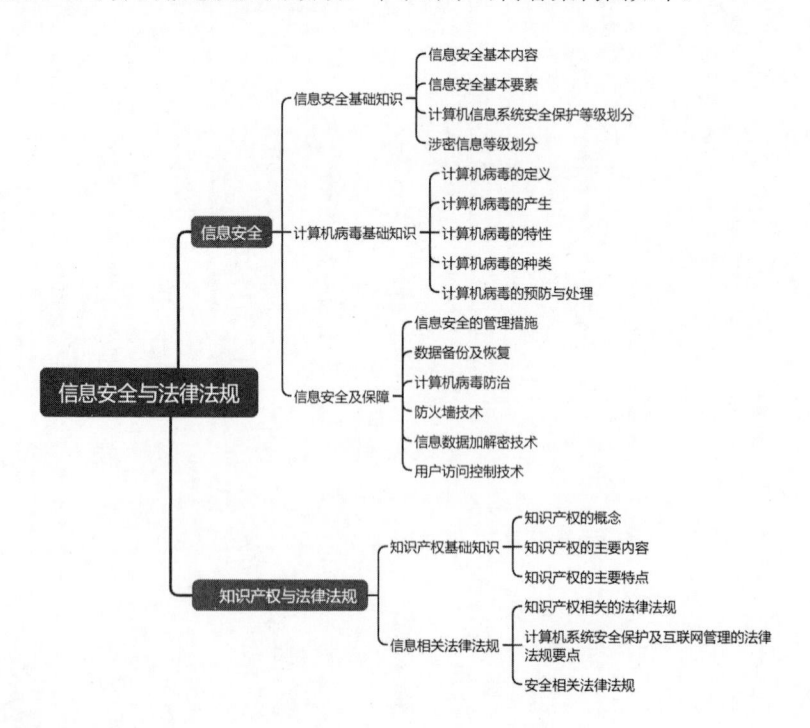

```
信息安全与法律法规
├── 信息安全
│   ├── 信息安全基础知识
│   │   ├── 信息安全基本内容
│   │   ├── 信息安全基本要素
│   │   ├── 计算机信息系统安全保护等级划分
│   │   └── 涉密信息等级划分
│   ├── 计算机病毒基础知识
│   │   ├── 计算机病毒的定义
│   │   ├── 计算机病毒的产生
│   │   ├── 计算机病毒的特性
│   │   ├── 计算机病毒的种类
│   │   └── 计算机病毒的预防与处理
│   └── 信息安全及保障
│       ├── 信息安全的管理措施
│       ├── 数据备份及恢复
│       ├── 计算机病毒防治
│       ├── 防火墙技术
│       ├── 信息数据加解密技术
│       └── 用户访问控制技术
└── 知识产权与法律法规
    ├── 知识产权基础知识
    │   ├── 知识产权的概念
    │   ├── 知识产权的主要内容
    │   └── 知识产权的主要特点
    └── 信息相关法律法规
        ├── 知识产权相关的法律法规
        ├── 计算机系统安全保护及互联网管理的法律法规要点
        └── 安全相关法律法规
```

25.1 信息安全

【基础知识点】

1. 信息安全基础知识

（1）信息安全基本内容。

- 实体安全：主要包括环境安全、设备安全和媒体安全。
- 运行安全：主要包括备份与恢复、病毒的检测与消除、电磁兼容等。
- 信息资产安全：主要包括确保计算机信息系统资源和信息资源不受自然和人为有害因素的威胁和危害。
- 人员安全：主要包括人的基本安全素质（安全知识、安全技能、安全意识等）和人的深层安全素质（情感、认知、伦理、道德、良心、意志、安全观念、安全态度等）。

（2）信息安全基本要素。

- 保密性：信息不泄露给非授权的用户、实体或者过程的特性。
- 完整性：数据未经授权不能进行改变的特性，即信息在存储或传输过程中保持不被修改、不被破坏和丢失的特性。
- 可用性：可被授权实体访问并按需求使用的特性。
- 真实性：信息内容真实可靠，能对信息的来源进行判断的特性。
- 不可抵赖性：通过技术和有效的责任机制，防止用户否认其行为的特性。
- 可核查性：能为出现的网络安全问题提供调查依据和手段的特性。
- 可控性：对信息的传播及内容具有控制能力，访问控制即属于可控性。

（3）计算机信息系统安全保护等级划分。《计算机信息系统 安全保护等级划分准则》（GB 17859—1999）于 2001 年 1 月 1 日实施，将计算机信息安全划分为了五个等级。

第一级：用户自主保护级。

第二级：系统审计保护级。

第三级：安全标记保护级。

第四级：结构化保护级。

第五级：访问验证保护级。

（4）涉密信息等级划分。根据《中华人民共和国保守国家秘密法》将涉密信息等级分为："绝密""机密""秘密"三级。

绝密：最重要的国家秘密，泄露会使国家的安全和利益遭受特别严重的损害。

机密：重要的国家秘密，泄露会使国家的安全和利益遭受严重的损害。

秘密：一般的国家秘密，泄露会使国家的安全和利益遭受损害。

2. 计算机病毒基础知识

（1）计算机病毒的定义。计算机病毒指"编制者在计算机程序中插入的破坏计算机功能或者破坏数据，影响计算机使用并且能够自我复制的一组计算机指令或者程序代码"。

（2）计算机病毒的产生。
- 计算机爱好者故意编制。
- 产生于个别人的报复心理。
- 来源于软件加密。
- 产生于游戏。
- 用于研究或实验而设计的"有用"程序。
- 由于政治、经济和军事等特殊目的。

（3）计算机病毒的特性。
- 传播性：计算机病毒具有自我复制的能力。
- 隐蔽性：计算机病毒一般不易被人察觉。
- 潜伏性：可以长期隐藏。
- 可激发性：在满足特定条件后对系统进行破坏。
- 破坏性：侵入系统后会对系统及应用程序造成不同程度的影响。

（4）计算机病毒的种类。
- 根据计算机病毒的破坏性分类：良性病毒、恶性病毒。
- 根据病毒的连接方式分类：源码型病毒、入侵型病毒、操作系统型病毒、外壳型病毒。
- 根据病毒的传染方式分类：引导型病毒、文件型病毒、混合型病毒、宏病毒。

（5）计算机病毒的预防。计算机病毒的预防手段主要分为软件、硬件及操作使用三个方面：
- 软件方面：安装杀毒软件及软件防火墙，及时更新病毒库。
- 硬件方面：安装防病毒卡或硬件防火墙，采取内外网隔离等手段。
- 操作使用方面：不下载不明文件，不安装不明软件，不访问不正当网页。

（6）计算机病毒的处理。
- 硬件方面：中病毒后首先断开计算机和外部的连接，防止病毒继续传播感染；对使用的U盘等工具先进行查毒或格式化确保其无毒，防止病毒二次感染。
- 软件方面：使用杀毒软件进行全盘查杀；若有引导文件感染导致在Windows系统下无法查杀干净的情况，则使用DOS引导盘在Windows系统外进行查杀或格式化重做系统进行查杀。

针对不同的病毒使用不同的杀毒软件或方法，如U盘病毒专杀、蠕虫病毒专杀软件等。

3. 信息安全及保障

（1）信息安全的管理措施。
- 建立信息安全管理的组织体系。
- 指定信息安全策略。
- 加强相关人员安全管理和培训。
- 信息系统及数据分类管理。

- 物理介质和环境安全管理。

（2）数据备份及恢复。

- 数据备份。数据备份是保证数据安全的一项重要措施；是为防止系统出现操作失误或系统故障等原因导致数据丢失，而将全部或部分数据集合从应用主机的存储器复制到其他的存储介质的过程。
- 数据恢复。数据恢复是根据需要将备份的数据恢复到需要使用的计算机或信息设备上的过程；指通过技术手段，将保存在各种计算机硬盘、存储磁带库、可移动存储、数码存储卡、MP3等设备上丢失的电子数据进行抢救和恢复的技术。

（3）计算机病毒防治。

- 安装主流杀毒软件。
- 定时对操作系统升级。
- 重要数据的备份。
- 设置健壮密码。
- 安装防火墙。
- 不要在互联网上随意下载或安装软件。
- 不要轻易打开电子邮件的附件。
- 不要轻易访问带有非法性质的网站或不健康内容的网站。
- 避免在无防毒软件的机器上使用U盘、移动硬盘等可移动储存介质。
- 培养基本计算机安全意识。

（4）防火墙技术。防火墙技术是一种保护计算机网络安全的技术性措施，是用来阻挡外部不安全因素影响的内部网络屏障，其目的就是防止外部网络用户未经授权的访问。

防火墙本身具有较强的抗攻击能力，它是提供信息安全服务、实现网络和信息安全的基础设施。

根据防火墙介质不同可分为：软件防火墙、硬件防火墙或软硬结合防火墙。

根据防火墙位置不同可分为：网络防火墙和计算机防火墙。

（5）信息数据加解密技术。

信息数据加密技术：最常用的安全保密手段，利用技术手段把重要的数据变为乱码（加密）传送，使其不能被非法用户读取。

信息数据解密技术：在加密信息到达目的地后再用相同或不同的手段还原，使其能够被用户理解。

（6）用户访问控制技术。用户访问控制技术是系统对用户身份及其所属的预先定义的策略组限制其使用数据资源能力的手段。

访问控制的主要目的是限制访问主体对客体的访问，从而保障数据资源在合法范围内得以有效使用和管理。

25.2　知识产权与法律法规

【基础知识点】

1. 知识产权基础知识

（1）知识产权的概念。知识产权又称为"知识所属权"或"智慧财产权"。

知识产权是指"权利人对其智力劳动所创作的成果享有的财产权利"，一般只在有限时间内有效。

（2）专利权。专利权是依法授予发明创造者或单位对发明创造成果独占、使用、处分的权利。

专利权的主体：有权提出专利申请和专利权，并承担相应的义务的人，包括自然人和法人。

专利权的客体：发明、实用新型、外观设计。

（3）商标权。商标，是为了帮助人们区别不同的商品而专门有人设计、有意识地置于商品表面或其包装物上的一种标记。

商标权是指商标使用人依法对所使用的商标享有的专用权利。

商标权的主体：申请并取得商标权的法人或自然人。

商标权的客体：经过国家商标局核准注册受商标法保护的商标，即注册商标，包括商品商标和服务商标。

（4）著作权（版权）。著作权，也称版权，是公民、法人或非法人单位按照法律享有的对自己文学、艺术、自然科学、工程技术等作品的专有权，著作权是一种民事权利。

著作权的主体：指著作权所有者，即著作权人。包括作者、继承著作权的人、法人或非法人单位、国家。

著作权的客体：指受著作权保护的各种作品。可以享受著作权保护的作品，涉及文学、艺术和科学作品，它是由作者创作并以某种形式固定下来能够复制的智力成果。

（5）知识产权的主要特点。

- 无形性。知识是一种无形财产。
- 地域性。只在所确认和保护的地域内有效。
- 时间性。只在规定期限保护。
- 专有性。除权利人同意或法律规定外，权利人以外的任何人不得享有或使用该项权利。
- 确认性。无形的智力财富不像有形资产一样直观可见，所以知识性及创造性成果需要在依法审查后才能得到法律保护。
- 双重性。一些知识产权具有财产权和人身权两种属性。

2. 信息相关法律法规

知识产权相关的法律法规。

- 《中华人民共和国专利法》
- 《中华人民共和国专利法实施细则》
- 《国防专利条例》

- 《集成电路布图设计保护条例》
- 《著作权集体管理条例》
- 《中华人民共和国商标法》
- 《中华人民共和国商标法实施条例》
- 《中华人民共和国著作权法》
- 《中华人民共和国著作权法实施条例》
- 《计算机软件保护条例》
- 《中华人民共和国知识产权海关保护条例》
- 《中华人民共和国海关关于知识产权保护的实施办法》
- 《奥林匹克标志保护条例》
- 《中华人民共和国合同法》
- 《中华人民共和国担保法》
- 《中华人民共和国反不正当竞争法》

3. 计算机系统安全保护及互联网管理的法律法规要点
- 《计算机信息网络国际联网安全保护管理办法》[公安部令（第33号）]
- 《互联网电子公告服务管理规定》
- 《互联网信息服务管理办法》
- 《教育网站和网校暂行管理办法》
- 《计算机软件保护条例》
- 《中华人民共和国网络安全法》[中华人民共和国主席令（第五十三号）]

4. 安全相关法律法规
- 《计算机信息系统安全保护条例》
- 《电子签名法》
- 《计算机信息安全保护条例》

第26小时

信息安全与法律法规练习题

1. 企业建立网络安全体系时应有的假设中不包括（　　）。
   A. 假设外部有人企图入侵系统或已入侵系统
   B. 假设系统中存在尚未发现的漏洞
   C. 假设企业内部的人是可靠的，风险在外部
   D. 假设已发现的漏洞中还有未修补的漏洞
   答案：C

2. 解决网络安全问题的技术分为主动防御保护技术和被动防御保护技术两大类。（　　）属于主动防御保护技术。
   A. 审计跟踪　　　B. 防火墙　　　C. 入侵检测　　　D. 访问控制
   答案：A

3. 利用暴力或非暴力手段攻击破坏信息系统的安全，便构成计算机犯罪。其犯罪的形式有多种。有人在计算机内有意插入程序，在特定的条件下触发该程序执行，瘫痪整个系统或删除大量的信息。这种犯罪形式属于（　　）。
   A. 数据欺骗　　　B. 逻辑炸弹　　　C. 监听窃取　　　D. 超级冲击
   答案：B

4. 在我国，对下列知识产权保护类型的保护期限最长的是（　　）。
   A. 发明专利　　　　　　　　B. 外观设计专利
   C. 公民的作品发表权　　　　D. 实用新型专利
   答案：C

5. 电脑安全防护措施不包括（　　）。
   A. 定期查杀病毒和木马　　　B. 及时下载补丁并修复漏洞
   C. 加强账户安全和网络安全　D. 每周清理垃圾和优化加速
   答案：D

6. (　　) 不属于保护数据安全的技术措施。
   A．数据加密　　　B．数据备份　　　C．数据隔离　　　D．数据压缩
   答案：D

7. 信息系统通常会自动实时地将所有用户的操作行为记录在日志中，其目的是使系统安全运维（　　）。
   A．有法可依　　　　　　　　　　B．有据可查，有迹可循
   C．有错可循　　　　　　　　　　D．有备份可恢复
   答案：B

8. 《数据中心设计规范》（GB 50174—2017）属于（　　）。
   A．国际标准　　　B．国家强制标准　　C．国家推荐标准　　D．行业标准
   答案：B

9. 我国的信息安全法律法规包括国家法律、行政法规和部门规章及规范性文件等。（　　）属于部门规章及规范性文件。
   A．全国人民代表大会常务委员会通过的维护互联网安全的决定
   B．国务院发布的中华人民共和国计算机信息系统安全保护条例
   C．国务院发布的中华人民共和国计算机信息网络国际联网管理暂时规定
   D．公安部发布的计算机病毒防治管理办法
   答案：D

10. 人工智能（AI）时代，人类面临许多新的安全威胁。以下（　　）不属于安全问题。
    A．AI 可能因为学习了有问题的数据而产生安全隐患或伦理缺陷
    B．黑客入侵可能利用 AI 技术使自动化系统故意犯罪
    C．由于制度漏洞和监管不力，AI 系统可能面临失控，造成损失
    D．AI 技术在某些工作、某些能力方面超越人类，淘汰某些职业
    答案：D

11. 计算机感染病毒后常见的症状中，一般不包括（　　）。
    A．计算机系统运行异常，如死机、运行速度降低、文件大小异常等
    B．外部设备使用异常，如系统无法找到外部设备，外部设备无法使用
    C．网络异常，如网速突然变慢、网络连接错误、许多网站无法访问
    D．应用程序计算结果异常，如输出数据过多或过少过大或过小
    答案：C

12. 面向社会服务的信息系统突发安全事件时所采取的技术措施中一般不包括（　　）。
    A．尽快定位安全风险点，努力进行系统修复
    B．将问题控制在局部范围内，不再向全系统扩散
    C．关闭系统，切断与外界的信息联系，逐人盘查
    D．全力挽回用户处理的信息，尽量减少损失

答案：C

13．《信息处理系统 开放系统互连 基本参考模型》(ISO 7498-2:1989) 属于（　）。
　　A．国际标准　　　B．国家标准　　　C．行业标准　　　D．企业标准
　　答案：A

14．以下关于信息安全的叙述汇总，（　）并不正确。
　　A．信息安全已经上升到国家战略层面　　B．海陆空天网五大疆域体现国家主权
　　C．信息安全体系要确保百分之百安全　　D．信息安全措施需三分技术七分管理
　　答案：C

15．使用盗版软件的危害性一般不包括（　）。
　　A．来历不明的盗版软件可能带有恶意代码
　　B．发现问题后得不到服务，难以修复漏洞
　　C．可能带来法律风险，也会引发信息泄露
　　D．没有使用手册，非专业人员难于操作
　　答案：C

16．对多数企业而言，企业数据资产安全体系建设的原则不包括（　）。
　　A．安全与易用兼顾　　　　　　　　　B．技术与管理配合
　　C．管控与效率平衡　　　　　　　　　D．购买与开发并重
　　答案：D

17．《信息安全技术 云计算服务安全指南》(GB/T 31167—2014) 属于（　）。
　　A．国际标准　　B．国家强制标准　　C．国家推荐标准　　D．行业标准
　　答案：C

18．计算机受病毒感染主要是（　）。
　　A．接收外来信息时被感染　　　　　　B．因硬件损坏而被感染
　　C．增添硬件设备时被感染　　　　　　D．因操作不当而被感染
　　答案：A

19．企业制定数据处理流程规范的主要目的不包括（　）。
　　A．定岗定责，使工作井井有条，避免混乱，提高处理效率，保证数据质量
　　B．建立数据录入、校验、更新、备份、保管、检索等制度，加强数据管理
　　C．记录日志，便于检查、考核，防止数据泄露和篡改，出了问题便于追责
　　D．有利于向上级汇报与对外宣传，提高员工的积极性，创建企业良好形象
　　答案：D

20．《信息技术 汉字字型要求和检测方法》(GB/T 11460—2009) 属于（　）。
　　A．国际标准　　B．国家强制标准　　C．国家推荐标准　　D．行业标准
　　答案：C

第27小时
计算机英语常用词汇

27.0　章节考点分析

第 27 小时主要学习计算机英语常用词汇，达到可以正确阅读和理解计算机使用中常见的简单英文，满足应用所需。

27.1　常用词汇及例句

A

administrator　*n.*管理员
PMT offers the GUI to network administrator for input, modification or deletion of policy and relevant information.
algorithm　*n.*算法
Additionally, this algorithm was tested with regard to gender differences.
array　*n.*数组
The image is then stored on the computer hard disk as a vast array of black or white dots.
attachment　*n.*附件
Any file that travels with an E-mail message is called an E-mail attachment.

B

backup　*n.* 备份文件
We had no computer backup and had to rely on old paper files to reconstruct the records.
baseline　*n.*基线

Do you know what a baseline is in configuration management?

binary   *n.* 二进制数

Computers operate using binary numbers.

bug   *n.* 计算机程序漏洞

There is a bug in the system.

C

cache   *n.* 快速缓冲储存区

The maximum size of the client cache, in bytes.

client   *n.* 客户端

The JSP page is made for test, the client can adjust speed of motor through browser and display the wave style of speed.

compress   *vt.* 压缩

You can compress huge amounts of data on to a CD-ROM.

computer   *n.* 计算机

He programmed his computer to compare all the possible combinations.

copy   *vt.* 复制

The new copiers only copy onto one side of the paper.

D

data   *n.* 数据

We were drowning in data but starved of information.

database   *n.* 数据库

Database software stores data as a series of records.

debug   *vt.* 调试

These operators are used mainly to debug assembly - language code.

decompress   *vt.* 解压缩

Some downloaded files are compressed, therefore, users must decompress them before installation.

desktop   *n.* 桌面

All you have to do is right-click on the desktop and select New Folder.

disk   *n.* 磁盘

These files have been zipped up to take up less disk space.

display   *vi.* 显示

Using the option to display only text speeds things up a lot.

document   *n.* 文档

When you use a computer to create, edit, and print document, word processing is used.

double-click　*n.* 双击

With techniques for running applications on most PC, you can double-click a desktop icon or select the application from a menu.

domain　*n.* 域名

Is the domain name already registered or still available?

E

e-commerce　*n.* 电子商务

E-commerce has become the market trend of the century.

exit　*n.* 退出

I can open other applications without having to exit Word.

F

file　*n.* 文件

Double click on the icon to open the file.

firewall　*n.* 防火墙

New technology should provide a secure firewall against hackers.

folder　*n.* 文件夹

All you have to do is right-click on the desktop and select New Folder.

format　*vt.* 使格式化

The disk is too large to format for the specified file system.

G

graphic　*adj.* 图解的

It can handle even the most complex graphic jobs, freeing up your computer for other tasks.

H

hacker　*n.* 黑客

This site was attacked by a hacker last week.

hardware　*n.* 计算机硬件

Hardware is the mechanical components of a computer.

I

information　*n.* 信息

Information is the key element for the whole society.

instructions　*n.* 指令

The instructions are translated into binary code, a form that computers can easily handle.

interface　*n.* 界面；接口

Operating systems provide an interface between users and the computer.

internet　*n.* 互联网

Internet addresses are also known as URLs.

intranet　*n.*内联网

An Intranet is simply the application of Internet technology within an internal or closed user - group.

J

jamming　*n.*人为干扰

At last, the measure anti - jamming of the hardware and software is introduced.

K

keyboard　*n.*键盘

Most personal computers are equipped with a Keyboard as the primary input device.

L

label　*n.*标签

The catalog is organized alphabetically by label name.

M

mainboard　*n.*主板

Setup has detected an incompatibility between your video card computer's mainboard.

memory　*n.*存储器，内存

Memory provides the processor with temporary storage for programs and data.

mouse　*n.*鼠标

You can check your E-mail with a click of your mouse.

multimedia　*n.*多媒体

Multimedia enables you to see, hear, and understand the thoughts of others.

N

network　*n.*网络

The network will provide the gamut of computer services to your home.

Notepad　*n.*记事本

One can open, save, save as a simple function, such as Notepad.

O

online　*adj.*在线的，联网的

Online shopping is a process that consumers go through it to purchase products or services over the Internet.

P

pixel　*n.*像素

Regardless of the shape the cursor assumes, it always has a single hotspot pixel.

print　*vt.*打印

You have to type in commands, such as "help" and "print".

project   *n.*工程，项目
It is questionable whether the expenditure on this project is really justified.
protocol   *n.*（数据传递的）协议
A protocol is the special set of rules that end points in a telecommunication connection use when they communicate.

Q

quantity   *n.*量，数量
In algebra, the sign X usually denotes an unknown quantity.

R

reboot   *n.* 重新启动
You must reboot this computer for the name change to take effect.

S

Server   *n.*服务器
How to install FTP Server for File Transfer service?
shortcut   *n.*快捷方式
To remove a shortcut, right - click the shortcut and select Remove Shortcut.
software   *n.*软件
Most software programs allow you to compose emails offline.
system   *n.*体系，系统
Generally software can be divided into two types: system software and application software.

T

template   *n.*模板
The deal is likely to provide a template for other agreements.

U

user guide   *n.* 用户指南
User guide describes how to interact with the information system to accomplish specific tasks.

V

version   *n.*版本
The second-hand version is a poor copy of the original.
virtual   *adj.*虚拟的
One day virtual reality will revolutionize the entertainment industry.
virus   *n.*病毒
Hackers are said to have started a computer virus.

W

wireless   *adj.*无线的

The devices in our brain are some sort of wireless computer network.

27.2 常用缩略语、术语及例句

ALU　运算器

The ALU performs all the arithmetic and logical functions.

API　应用程序接口

Source data: via API calls a 3rd party program.

ASP　动态服务器页面

An ASP file normally contains HTML tags, just like an HTML file.

assembler language　汇编语言

An assembler language programmer writes one mnemonic instruction for each machine - level instruction.

BBS　电子公告板系统

To enhance the publicity on internet, they publicized on Campus BBS.

Big Data　大数据

Experimental results prove the effectiveness of the algorithm, and it suits the large data.

BIOS　基本输入输出系统

Read some BIOS information, such as the BIOS version, date, name, etc.

CAD　计算机辅助设计

CAD and desktop publishing continue to be improved with ever new and faster PCs.

CAM　计算机辅助制造

University degree or holder with minimum three years experience in CAM engineer.

CAI　计算机辅助教学

The Network Multimedia CAI Courseware provides a bran - new teaching mode.

CD-ROM　可记录光盘

A single CD-ROM can hold more than 500 megabytes of data.

cloud computing　云计算

From this angle character, final user just is cloud calculative true owner.

compiling program　编译程序

By compiling program and calculation, such type of structural optimum design is carried out.

第28小时

计算机英语常用词汇练习题

1. The（　）is the brain of the personal computer.
    A．microprocessor　B．storage　　　C．keyboard　　　D．printer
    答案：A

2. The（　）controls the cursor on the screen and allows the user to access commands by pointing and clicking.
    A．program　　　B．keyboard　　　C．mouse　　　　D．display
    答案：C

3. When you create an account, you are typically asked to enter a user ID and（　）．
    A．name　　　　B．requirement　　C．password　　　D．program
    答案：C

4. When saving a new document, you must decide on a name for the document and the（　）where it will be saved to.
    A．address　　　B．location　　　C．program　　　D．application
    答案：B

5. （　）is a fast, cheap and convenient way to send and receive messages internationally.
    A．Telephone　　B．Mail　　　　C．E-mail　　　　D．Postcard
    答案：C

6. The（　）is the primary device for entering information into the computer.
    A．disk　　　　B．printer　　　C．keyboard　　　D．memory
    答案：C

7. （　）system let you run more than one program at a time.
    A．Application　　B．Software　　　C．Real time　　　D．Multitask
    答案：D

8. Small business may use (　) for word processing.
   A. microcomputers   B. industrial computers
   C. main frame computers   D. supercomputers
   答案：A

9. Once you've made the Internet connection, you can send(　)to any computer user all around the world.
   A. E-mail   B. WWW   C. ccc   D. web station
   答案：A

10. Computer (　) is used to temporarily store data.
    A. CPU   B. memory   C. Keyboard   D. disk
    答案：B

11. (　) acts as an interface between computer hardware and users.
    A. Operating system   B. Application software
    C. USB   D. MODEM
    答案：A

12. (　) are used for backing up large amount of data.
    A. Keyboard   B. Hard disks   C. CPU   D. Display
    答案：B

13. Computers with the same (　) can typically use the same software and peripheral devices.
    A. CPU   B. operating system   C. mainboard   D. display
    答案：B

14. You can (　) a file when you no longer need it.
    A. rename   B. move   C. copy   D. delete
    答案：D

15. When you create an account, you are typically asked to enter a username and (　).
    A. key   B. keyword   C. password   D. user ID
    答案：C

16. With (　) you can communicate in realtime with people all around the world.
    A. wed page   B. wed chat   C. web site   D. E-mail
    答案：B

17. (　) provides the processor with temporary storage for programs and data.
    A. Keyboard   B. Display   C. Memory   D. Disk
    答案：C

18. (　) products often feature games with learning embedded into them.
    A. Program   B. Database   C. Software   D. Multimedia

答案：D

19. When you use a computer to create, edit, and print documents, (　　) is used.

    A．word processing　　　　　　　B．spreadsheet

    C．PowerPoint　　　　　　　　　D．database

    答案：A

20. Make (　　) copies of important files, and store them on separate locations to protect your information.

    A．back　　　　B．back-up　　　　C．back-out　　　　D．background

    答案：B

21. (　　) is a process that consumers go through to purchase products or services over the Internet.

    A．E-learning　　　　　　　　　B．E-government

    C．Online analysis　　　　　　　D．Online shopping

    答案：D

第 29 小时
Excel 常用函数及使用方法

29.0 章节考点分析

第 29 小时主要学习 Excel 常用函数及使用方法，满足综合应用所需。

29.1 日期与时间函数

1. DAY 函数
函数名称：DAY
主要功能：返回一个月中第几天的数值，介于 1 到 31 之间。
使用格式：DAY (serial_number)
参数说明：serial_number 是进行日期及时间计算时使用的日期-时间代码。

2. DATE 函数
函数名称：DATE
主要功能：日期时间代码中代表日期的数字。
使用格式：DATE(year,month,day)
参数说明：year 为指定的年份数值（小于 9999）；month 为指定的月份数值，其值在 1 到 12 之间；day 为一个月中第几天的数字，其值在 1 到 31 之间。

3. WEEKDAY 函数
函数名称：WEEKDAY
主要功能：返回代表一周中第几天的数值，是一个 1 到 7 之间的整数。
使用格式：WEEKDAY(serial_number,return_type)

参数说明：serial_number 为一个表示返回值类型的数字，return_type 从星期日=1 到星期六 =7，用 1；从星期一=1 到星期日=7，用 2；从星期一=0 到星期日=6，用 3。

29.2 数学与三角函数

1. SUM 函数

函数名称：SUM

主要功能：计算单元格区域中所有数值的和。

使用格式：SUM(number1 , number2,…)

参数说明：number1, number2,…是 1 到 255 个待求和的数值。单元格中的逻辑值和文本将被忽略。但当作为参数键入时，逻辑值和文本值有效。

2. SUMIF

函数名称：SUMIF

主要功能：对满足条件的单元格求和。

使用格式：SUMIF(range,criteria,sum_range)

参数说明：range 为要进行计算的单元格区域，criteria 是由数字、表达式或文本形式定义的条件，sum_range 是用于求和计算的实际单元格。

3. ROUND

函数名称：ROUND

主要功能：按指定的位数对数值进行四舍五入。

使用格式：ROUND(number,num_digits)

参数说明：number 为要四舍五入的数值，num_digits 为执行四舍五入时采取的位数。如果此参数为负数，则圆整到小数点的左边；如果此参数为零，则圆整到最接近的整数。

4. ABS 函数

函数名称：ABS

主要功能：求出相应数字的绝对值。

使用格式：ABS(number)

参数说明：number 代表需要求绝对值的实数。

5. INT 函数

函数名称：INT

主要功能：将数值向下取整为最接近的整数。

使用格式：INT(number)

参数说明：number 表示要取整的实数。

6. SIGN 函数

函数名称：SIGN

主要功能：返回数字的正负号：为正时，返回 1；为零时，返回 0；为负时，返回-1。

使用格式：SIGN(number)

参数说明：number 为任意实数。

7. POWER 函数

函数名称：POWER

主要功能：返回某数的乘幂。

使用格式：POWER(number,power)

参数说明：number 为底数，任意实数。

29.3 统计函数

1. AVERAGE 函数

函数名称：AVERAGE

主要功能：返回其参数的算术平均值；参数可以是数值或包含数值的名称、数组或引用。

使用格式：AVERAGE(number1, number2,…)

参数说明：number1, number2,…用于计算平均值的 1 到 255 个数值参数。

2. MAX 函数

函数名称：MAX

主要功能：返回一组数中的最大值，忽略逻辑值及文本。

使用格式：MAX(number1, number2,…)

参数说明：numberl, number2,…是准备从中求取最大值的 1 到 255 个数值、空单元格、逻辑值或文本数值。

3. MIN 函数

函数名称：MIN

主要功能：返回一组数中的最大值，忽略逻辑值及文本。

使用格式：MIN (number1, number2, …)

参数说明：number1, number2, …准备从中求取最小值的 1 到 255 个数值、空单元格、逻辑值或文本数值。

4. COUNT

函数名称：COUNT

主要功能：计算区域中包含数字的单元格个数。

使用格式：COUNT(value1,value2,…)

参数说明：value1, value2,…是 1 到 255 个参数，可以包含或应用各种不同类型的数据，但只对数字型数据进行计数。

5. COUNTA

函数名称：COUNTA

主要功能：计算区域中非空单元格的个数。

使用格式：COUNTA(value1, value2,…)

参数说明：value1，value2,…是 1 到 255 个参数，代表要进行计数的值和单元格。值可以是任意类型的信息。

6. COUNTIF 函数

函数名称：COUNTIF

主要功能：计算某个区域中满足给定条件的单元格数目。

使用格式：COUNTIF(range,criteria)

参数说明：range 为要计算其中非空单元格数目的区域，criteria 是以数字、表达式或文本形式定义的条件。

7. RANK

函数名称：RANK

主要功能：返回某数字在一列数字中相对于其他数值的大小排名。

使用格式：RANK(number, ref, order)

参数说明：number 为要查找排名的数字，ref 是一组数或相对一个数据列表的引用，非数字值将被忽略，order 是在列表中排名的数字，如果为 0 或忽略，降序；非零值，升序。

8. LARGE 函数

函数名称：LARGE

主要功能：返回数据组中第 k 个最大值。

使用格式：LARGE(array,k)

参数说明：array 用来计算第 k 个最大值点的数值数组或数值区域，k 为所要返回的最大值点在数组或数据区中的位置（从最大值开始）。

9. PRODUCT 函数

函数名称：PRODUCT

主要功能：计算所有参数的乘积。

使用格式：PRODUCT(number1,number2,…)

参数说明：number1,number2,…是要计算乘积的 1 到 255 个数值、逻辑值或者代表数值的字符串。

10. MODE 函数

函数名称：MODE

主要功能：返回一组数据或数据区域中的众数（出现频率最高的数）。

使用格式：MODE(number1, number2,…)

参数说明：number1, number2,…是 1 到 255 个数值、名称、数组或对数值的引用。

29.4 逻辑函数

IF 函数

函数名称：IF

主要功能：判断是否满足某个条件，如果满足，则返回一个值，如果不满足，则返回另一个值。

使用格式：IF(logical_test,value_if_true,value_if-false)

参数说明：logical_test 代表逻辑判断表达式；value_if_true 表示当判断条件为逻辑"真(TRUE)"时的显示内容，如果忽略返回"TRUE"；value_if_false 表示当判断条件为逻辑"假(FALSE)"时的显示内容，如果忽略返回"FALSE"。IF 函数最多可嵌套 7 层。

29.5 文本函数

1. LEN 函数

函数名称：LEN

主要功能：统计文本字符串中字符数目。

使用格式：LEN(text)

参数说明：text 表示要统计的文本字符串。

2. LEFT 函数

函数名称：LEFT

主要功能：从一个文本字符串的第一个字符开始返回指定个数的字符。

使用格式：LEFT(text,num_chars)

参数说明：text 为要提取字符的字符串，num_chars 为要提取的字符数；如果忽略，为 1。

3. RIGHT 函数

函数名称：RIGHT

主要功能：从一个文本字符串的最后一个字符开始返回指定个数的字符。

使用格式：RIGTH(text,num_chars)

参数说明：text 为要提取字符的字符串，num_chars 为要提取的字符数；如果忽略，为 1。

4. MID 函数

函数名称：MID

主要功能：从文本字符串中指定的起始位置返回指定长度的字符。

使用格式：MID(text,start_num,num_chars)

参数说明：text 为准备从中提取字符串的文本字符串，start_num 为提取的起始位置，num_chars 为指定的长度。

29.6 查找与引用函数

1. INDEX 函数

函数名称：INDEX

主要功能：在给定的单元格区域中，返回特定行列交叉处单元格的值或引用。

使用格式：INDEX（array,row_num,column_num）或 INDEX（reference,row_num,column_num,area_num）

参数说明：array 为单元格区域或数组常量，row_num 为数组或引用中要返回值的行序号，column_num 为数组或引用中要返回值的列序号；reference 为在给定单元格区域中，返回特定行列交叉处单元格的值或引用；area_num 指定所要返回的行列交叉点位于引用区域组中的第几个区域。第一个区域为1，第二个区域为2，以此类推。

2. MATCH 函数

函数名称：MATCH

主要功能：返回符合特定值特定顺序的项在数组中的相对位置。

使用格式：MATCH(lookup_value,lookup_array,match_type)

参数说明：lookup_value 在数组中所要查找匹配的值，可以是数值、文本或逻辑值，或者对上述类型的引用；lookup_array 含有要查找的值的连续单元格区域，一个数组，或是对某数组的引用；match_type 选数字-1、0 或 1。match_type 指定了 lookup_value 与 lookup_array 中数值进行匹配的方式。

第30小时
案例分析题（应用技术）——文字处理

第 30 小时主要通过案例分析练习文字处理的综合应用。本小时学习内容重点如下：
- 新建文件，打开已有文件，保存文件，另存为文件，关闭文件。
- 使用帮助功能。
- 键入文字，选中、移动、复制、剪切、粘贴文件块。
- 对选中的文字块进行格式设置，超文本链接，基本修饰，字符串查找替换，宏操作。
- 插入表格、图形、特殊符号、文件（包括图像），建立目录和索引。
- 表格基本操作。
- 多种文档格式转换（纯文本、doc、html、文档模块、PDF 格式）。
- 设置页眉、页脚和页码。
- 页面设置、打印预览、按多种指定方式打印。
- 绘制简单的图形。
- 合并邮件。
- 应用模板制作格式文档，新建模板。
- 排版和版式设计。

30.1 典型案例 1

用 Word 软件制作水电费清单。按题目要求完成后，用 Word 的保存功能直接存盘。

要求：

1．插入一个 6 行 6 列的表格。

2．设置表格第 1 行行高为最小值 1.2 厘米，其余行行高均为固定值 0.7 厘米；第 1 列列宽为 2 厘米，其余各列均为 2.5 厘米。

3. 按样表所示合并单元格，添加相应文字。
4. 设置表格相应单元格底纹为标准颜色黄色。
5. 设置表格中所有文字的单元格对齐方式为水平且垂直居中，整个表格水平居中。
6. 表格边框左右两侧为 1.5 磅，其他线条为 1 磅。顶部底部线条为浅绿色，其他位置线条为黑色。

水电费清单				
姓名	水费		电费		合计
	上半年	下半年	上半年	下半年	

解析：

（1）插入表格（6 行×6 列）。
（2）利用表格工具的"布局"设置表格的行高和列宽。
（3）合并单元格、输入文字。
（4）利用布局中的填充命令设置底纹为标准色黄色。
（5）设置表格对齐方式（水平居中）、表格内容对齐方式（水平且垂直居中）。
（6）利用表格工具的绘制设置表格部分框线颜色及磅值。

30.2 典型案例 2

利用以下素材，按题目要求完成后，用 Word 的保存功能直接存盘。

我的祖国，地大物博，风光秀美孕育了瑰丽的传统文化，大漠收残阳，明月醉荷花，广袤大地上多少璀璨的文明还在熠熠闪烁。我的祖国，东方神韵的精彩，人文风貌的风流，千古流传着无数美丽动人的传说。

要求：

1. 设置第一段首字下沉，下沉行数为 2 行。
2. 将第一段（除首字）字体设置为隶书，字号设置为五号。
3. 在正文第一自然段后另起行录入第二段文字：我的祖国，我深深爱恋的祖国。你是昂首高吭的雄鸡，唤醒拂晓的沉默，你是冲天腾飞的巨龙——叱咤时代的风云，你是威风凛凛的雄狮——舞动神州的雄风，你是人类智慧的起源——点燃文明的星火。
4. 将第二段字体设置为楷体，字号设置为四号，加波浪下划线。

解析：

（1）使用"插入"菜单的首字下沉工具设置首字下沉 2 行。

（2）对第一段文本进行字体格式设置。
（3）输入新段落文字。
（4）对新的段落文字设置字体格式（字体、字号、下划线）。

30.3 典型案例3

用 Word 软件录入以下文字，按题目的要求完成后，用 Word 的保存功能直接存盘。
荷塘月色
曲曲折折的荷塘上面，弥望的是田田的叶子。叶子出水很高，像亭亭的舞女的裙。层层的叶子中间，零星地点缀着些白花，有袅娜地开着的，有羞涩地打着朵儿的；正如一粒粒的明珠，又如碧天里的星星，又如刚出浴的美人。微风过处，送来缕缕清香，仿佛远处高楼上渺茫的歌声似的。这时候叶子与花也有一丝的颤动，像闪电般，霎时传过荷塘的那边去了。叶子本是肩并肩密密地挨着，这便宛然有了一道凝碧的波痕。叶子底下是脉脉的流水，遮住了，不能见一些颜色；而叶子却更见风致了。

要求：
1. 将段落标题设置为宋体、四号、加粗、居中。
2. 将正文文字设置为宋体、五号，并为正文内容最后一句话加下划线。
3. 为文档添加页眉，内容为"荷塘月色"，并将页眉的文字字体设置为宋体、小五号。
4. 为正文添加红色文本框。

解析：
（1）文字录入及编排。
（2）格式菜单的使用。
（3）视图菜单的使用。
【要点分析】本题要点为文档格式（包括字体、字号、分栏和下划线）操作；页眉设置。
【操作的关键步骤】
（1）文档格式。选定文档对象，通过"格式"菜单下的"字体"和"边框和底纹"等命令进行文档格式设置。
（2）页眉设置。通过"视图"菜单下的"页眉和页脚"命令进行页眉设置。

30.4 典型案例4

利用以下素材，按题目要求完成后，用 Word 的保存功能直接存盘。
苍山大雪
云南大理的苍山上，大雪纷飞，山顶被冰雪覆盖。日出前后，站在苍山上远眺，云海翻腾、绵延不绝，苍山的冰雪世界与云海融为一体，宛若人间仙境。

要求：

1．将文章标题设置为楷体、二号、加粗、居中；正文设置为宋体、小四。

2．将正文开头的"云南大理"设置为首字下沉，字体为隶书，下沉行数为2行。

3．将文章标题文字加上阴影效果。

4．为文档添加页眉，宋体、五号、倾斜、浅蓝，内容为"苍山大雪"。

5．在正文第一自然段后另起行录入第二段文字：苍山下的洗马潭在苍山玉局峰与龙泉峰的交接处，是一个水质纯净、清澈见底的"山巅冰碛湖"。

【要点分析】本题要点为文档字体设置、段落设置、文字录入、页眉设置。

【操作的关键步骤】

（1）文档格式。选定文档对象，通过"开始"菜单下的"字体"命令，进行文档格式设置。

（2）段落设置。通过"开始"菜单下的"段落"命令进行段落设置。

（3）页眉设置。通过"插入"菜单下的"页眉"命令进行设置。首字下沉。通过"插入"菜单下的"首字下沉"命令进行设置。

30.5　典型案例5

利用以下素材，按题目要求完成后，用Word的保存功能直接存盘。

黄河

黄河，承载着中华文明数千年的历史脉络，哺育了一代又一代的中华儿女。曾几何时，污染、断流让这条母亲河伤痕累累。近年来，沿黄地区因地制宜、分类施策，统筹谋划流域生态环境保护工作，成效显著。

要求：

1．将文章标题设置为宋体、二号、加粗、居中，并设置"阳文"的文字效果。

2．把正文中的"亲"转化为繁体字；正文设置为仿宋、小四。

3．为文档添加文字水印，内容为"筹"，并将内容设置为白色、背景1、深色35%、楷体、半透明、斜式。

4．为文档添加页眉，内容为"母亲河"。

5．在正文第一自然段后另起行录入第二段文字：一条古老的大河，正以崭新的面貌展现在世人面前。

【要点分析】本题要点为文档字体设置；繁体字转换；文字录入；页眉设置。

【操作的关键步骤】

（1）文档格式。选定文档对象，通过"开始"菜单下的"字体"命令，进行文档格式设置。

（2）繁体字转换。通过"审阅"菜单下的"简转繁"命令进行转换。

（3）页眉设置。通过"插入"菜单下的"页眉"命令进行设置。

（4）水印设置。通过"页面布局"菜单下的"水印"命令进行设置。

30.6　典型案例 6

用 Word 软件制作学生外语课程学习评价表。按题目要求完成后，用 Word 的保存功能直接存盘。

要求：

1. 利用相关工具绘制如下图所示的学生外语课程学习评价表。
2. 将标题设置为楷体、二号、黑色、加粗、居中；其他文字设置为宋体、小四、黑色。

学生外语课程学习评价表

学生姓名		课程		学习地点		学习时间	
学习评价	口语应用		课文表演		单词认读	
^	优秀□良好□合格□		优秀□良好□合格□		优秀□良好□合格□	
^	课堂表现		语音语调		学习习惯	
^	优秀□良好□合格□		优秀□良好□合格□		优秀□良好□合格□	
^	出勤		作业完成		学习态度	
^	优秀□良好□合格□		优秀□良好□合格□		优秀□良好□合格□	
教师评语							
	教师联系电话：		教师签名：				

【要点分析】本题要点为绘制表格、字体设置、录入文字并进行编排。

【操作的关键步骤】

（1）使用"开始"菜单下的"字体"命令，进行字号、字体的设置。

（2）使用"插入"菜单下的"表格"命令绘制表格。

第31小时

案例分析题（应用技术）——电子表格处理

第 31 小时主要通过案例分析练习电子表格处理的综合应用。本小时学习内容重点如下：
- 新建、打开、保存、另存为、关闭电子表格。
- 使用帮助功能。
- 调整电子表格的基本设置（更改查看模式，缩放工具，修改工具栏，调整行列）。
- 绝对地址和相对地址的引用。
- 设定单元格的格式。
- 在单元格中插入文字、特殊符号、公式、图像，宏操作。
- 电子表格数据的选取、编辑、查找替换、排序。
- 使用公式和常用函数运算，使用自动填充/复制控点工具，复制或递增数据项。
- 辨认错误信息。
- 根据数据表制作各种图表以分析数据，编辑修改图表使之美观实用。
- 表格数据筛选，分类汇总。
- 数据透视表制作。
- 文档版面设置，打印预览、打印工作表/工作簿。
- 多种文件格式转换（字处理文档、电子表格、数据库表）。
- 设置页眉、页脚和页码。

31.1 典型案例 1

在 Excel 的 Sheet1 工作表的 A1:D19 单元格内创建学生成绩表。按题目要求完成后，用 Excel 的保存功能直接存盘（表格没有创建在指定区域将不得分）。

要求：

1. 表格要有可视的边框，并将文字设置为宋体、16 磅、居中。

2. 在相应单元格内用 RANK 函数计算每个学生的成绩名次。

3. 在相应单元格内用 AVERAGEIF 函数计算男生的平均成绩，计算结果保留一位小数。

4. 在相应单元格内用 AVERAGEIF 函数计算女生的平均成绩，计算结果保留一位小数。

5. 在相应单元格内用 COUNTIF、COUNT 函数计算及格率（大于等于 60 分为及格），计算结果用百分比形式表示，保留 1 位小数。

解析：

（1）字体、字号和边框设置，注意选定的区域。

（2）排名函数：=RANK(C2,$C$2:$C$16,0)。

（3）男生平均成绩：=averageif(B2:B16,B2,C2:C16)。

（4）女生平均成绩：=averageif(B2:B16,B4,C2:C16)。

（5）及格率：=COUNTIF(C2:C16,">=60")/COUNT(C2:C16)。

（6）设置单元格格式：男女生平均成绩保留 1 位小数，及格率保留 1 位小数，使用百分比形式。

31.2 典型案例 2

在 Excel 的 Sheet 1 工作表的 A1:D19 单元格内创建"期末考试计算机成绩表"，按题目要求完成后，用 Excel 的保存功能直接存盘（表格没创建在指定区域将不得分）。

	A	B	C	D
1	期末考试计算机成绩表			
2	学号	成绩	等级	排名
3	202001	88		
4	202002	90		
5	202003	58		
6	202004	60		
7	202005	90		
8	202006	75		
9	202007	77		
10	202008	82		
11	202009	96		
12	202010	51		
13	202011	72		
14	202012	98		
15	202013	69		
16	202014	86		
17	202015	81		
18	平均分			
19	及格率			

要求：

1. 表格要有可视的边框，并将文字设置为宋体、16 磅、居中。

2. 成绩≥90 为优秀，90>成绩≥80 为良好，80>成绩≥70 为中等，70>成绩≥60 为合格，成绩<60 为不及格，在等级列相应单元格内用 IF 函数计算每个学生的等级。

3. 在排名列相应单元格内用 RANK 函数计算学生的排名。

4. 在相应单元格内用 AVERAGE 函数计算平均分，保留 2 位小数。

5. 在相应单元格内用 SUM、COUNTIF、COUNT 函数计算及格率（大于等于 60 分为及格），计算结果用百分比形式表示，保留 2 位小数。

解析：

（1）录入文字、合并对应单元格，设置宋体、16 磅、居中。

（2）等级函数：

=IF(B3>=90,"优秀", if(B3>=80, "良好", IF(B3>=70, "中等", IF(B3>=60, "及格", "不及格"))))

（3）学生名次函数：

=RANK(B3,b3:$B$17,0)

（4）平均分：

=average(C3:C17)

（5）及格率：

=sum(countif(C3:C17, "优秀"), countif(C3:C17, "良好"),countif(C3:C17, "中等"), countif(C3:C17, "及格"))/count(B3:B17)

或者：=SUM(COUNTIF(B3:B17,">=60"))/COUNT(B3:B17)

或者：=COUNTIF(B3:B17,">=60")/sum(COUNT(B3:B17)

（6）单元格格式设置平均分保留 2 位，及格率用百分比保留 2 位。

31.3 典型案例 3

按照以下题目要求完成后，用 Access 的保存功能直接存盘。

要求：

1. 用 Access 创建"产品信息表"（内容见下表）。

编号	厂家	产品名称
1	海尔	冰箱
2	长虹	彩电
3	创维	彩电
4	容声	冰箱
5	格兰仕	微波炉

2. 用 Access 创建"产品价格表"（内容见下表）。

编号	产品单价/元	编号	产品单价/元
1	2800	4	2300
2	3200	5	650
3	3400		

3. 用 Access 创建"产品库存数量表"（内容见下表）。

编号	库存数/台	编号	库存数/台
1	20	4	23
2	10	5	20
3	12		

4. 通过 Access 的查询功能生成"产品汇总表"。

解析：

用 Access 创建表、汇总表和用主键建立关系查询的方法。

【要点分析】本题要点为在"产品信息表""产品价格表""产品库存数量表"的基础上生成"产品汇总表"。

【操作的关键步骤】

（1）分别建立"产品信息表""产品价格表""产品库存数量表"，并选择"编号"为主键。

（2）选择"工具"菜单下的"关系"命令，在弹出的"显示表"对话框中选择把"产品信息表""产品价格表""产品库存数量表"等通过"添加"按钮添加到"关系"表中。

（3）通过编号建立表间联系，选择"产品信息表"的"编号"并拖动鼠标到"产品价格表""产品库存数量表"的编号，在弹出的"编辑关系"对话框中单击"创建"按钮，建立表间联系。

（4）单击"查询"标签，选择"在设计视图中创建查询"，建立"产品信息表""产品价格表"和"产品库存数量表"间的关系。

（5）通过"查询"菜单下的"运行"命令，生成"产品汇总表"。

31.4　典型案例4

要求：

1. 创建学生信息表，并通过查询功能生成出生年月汇总表和学生信息汇总表。
2. 学生信息表包含"学号""姓名"信息。
3. 出生年月汇总表包含"学号""姓名""出生年月"信息。
4. 学生信息汇总表包含学生全部信息。
5. 如需要，可以另行创建信息表（如专业信息表、出生年月信息表等）。

解析：用 Access 创建表、汇总表和用主键建立关系查询的方法。

【要点分析】本题要点为在"学生信息表""专业信息表""出生年月信息表"的基础上生成"出生年月汇总表"和"学生信息汇总表"。

【操作的关键步骤】

（1）分别建立"学生信息表""专业信息表""出生年月信息表"，并选择主键（学号或 ID）。

（2）选择"工具"菜单下的"关系"命令，在弹出的"显示表"对话框中选择，把"学生信息表""专业信息表""出生年月信息表"等通过"添加"按钮添加到"关系"表中。

（3）通过学号建立表间联系，选择"学生信息表"的"学号"并拖动鼠标到"专业信息表"和"出生年月信息表"的学号，在弹出的"编辑关系"对话框中，单击"创建"按钮，建立起表间联系。

（4）单击"查询"标签，选择"在设计视图中创建查询"，分别建立"学生信息表"与"出生年月信息表"和"专业信息表"间的关系。

（5）通过"查询"菜单下的"运行"命令。生成"出生年月汇总表"和"学生信息汇总表"。

第 32 小时
案例分析题（应用技术）——演示文稿处理

第32小时主要通过案例分析练习演示文稿处理的综合应用。本小时学习重点如下：
- 新建演示文稿，选择适当的模块，使用和操作母版。
- 插入新幻灯片，输入文字、表格和图形。
- 插入和编辑公式等各种对象。
- 打开演示文档，编辑修改幻灯片内容，设置格式，进行修饰，设置背景。
- 复制、移动、删除幻灯片，重新排序。
- 设置幻灯片切换方式，加入演讲者的注解，加入动画，设置超链接。
- 浏览演示文稿，调整放映时间。
- 使用帮助功能。
- 多种文件格式转换（字处理文档、电子表格、数据库表、演示文稿）。
- 连接投影仪进行演示操作。

32.1 典型案例1

利用以下资料，用 PowerPoint 创意制作演示文稿。按照题目要求完成后，用 PowerPoint 的保存功能直接存盘。

萌宝归来！

大熊猫"美香""添添"和其在华盛顿出生的幼崽"小奇迹"结束23年的旅美生涯。自2000年起，中美两国在大熊猫保护和研究方面展开了密切而富有成果的合作。大熊猫"美香"和"添添"分别于1998年7月22日、1997年8月27日出生于中国大熊猫保护研究中心核桃坪野化培训基地。2000年12月，它们作为"中美友谊大使"从四川卧龙前往美国华盛顿，开始了在美国国家动物园的生活。

要求：
1．标题设置为 44 磅，华文行楷、蓝色；正文内容设置为 24 磅、楷体、黑色、1.5 倍行间距。
2．为标题和正文设置随机线条动画效果进入。
3．背景格式采用渐变填充方式。
4．为演示文稿页脚插入"日期和时间（自动更新）"。

解析：
（1）标题字体格式设置、正文字体格式设置、段落格式设置。
（2）使用动画命令中的随机线条进入效果对标题和正文进行随机线条动画设置。
（3）使用设计命令中背景组的填充中的渐变填充设置渐变背景并应用。
（4）使用插入命令中的日期和时间在页脚插入自动更新的日期。

32.2 典型案例 2

利用以下资料，用 PowerPoint 创意制作演示文稿，按照要求完成后，用 PowerPoint 的保存功能直接存盘。

资料 1：千佛山、大明湖和趵突泉，是济南的三大名胜，我们只讲趵突泉。

在西门外的桥上，便看见一溪活水，清浅、鲜洁，由南向北流着。这就是由趵突泉流出来的。倘若没有这泉，济南定会失去了一半的美。

资料 2：泉太好了。泉池是差不多见方的，三个泉口偏西，北边便是条小溪，流向西门去。看那三个大泉，一年四季，昼夜不停，老那么翻滚。你立定呆呆的看三分钟，你便觉出自然的伟大，使你再不敢正眼去看。永远那么纯洁，永远那么活泼，永远那么鲜明，冒，冒，冒，永不疲乏，永不退缩，只有自然有这样的力量！冬天更好，泉上起了一片热气，白而轻软在深绿的长的水藻上飘荡着，不由你不想起一种似乎神秘的境界。

要求：
1．演示文稿第 1 页用资料 1 内容，字形、字号和颜色自行选择。
2．演示文稿第 2 页用资料 2 内容，字形、字号和颜色自行选择。
3．自行选择幻灯片设计模板，并在幻灯片放映时有自定义动画的效果（例如添加效果使文字以飞入方式进入）。
4．在幻灯片放映时幻灯片切换有美观的效果（例如水平百叶窗的效果）。
5．制作完成的演示文稿整体美观。

解析：
用 PowerPoint 模板制作演示文稿并对文稿进行"文字字体和字号""插入图片""动画效果"设置等。

【要点分析】本题要点为 PowerPoint 的基本操作。

【操作的关键步骤】

（1）熟悉 PowerPoint 的基本操作。

（2）应用"格式"菜单下的"字体"命令进行字号、字体、颜色的设置等。

（3）应用"插入"菜单下的"图片"命令插入图片。

（4）应用"幻灯片放映"菜单下的"动画"命令进行动画设置。

（5）应用"幻灯片放映"菜单下的"观看放映"命令查看演示文稿的整体效果。

32.3　典型案例3

利用以下素材，用 PowerPoint 创意制作演示文稿。按照题目要求完成后，用 PowerPoint 的保存功能直接存盘。

无锡运河

这里，位于无锡的城市"原点"，汇聚无锡的人脉、文脉、水脉和商脉；这里，千年运河流淌而过，见证了繁荣与变迁，也是过去、现在与未来交相辉映的地方；这里，是当下工业遗存活化利用的一次成功探索，在城市更新焕新的进程中，实现了城市工业"锈"到风光"秀"的华丽转身。

要求：

1．标题设置为40磅、楷体、居中。

2．正文内容设置为24磅、宋体。

3．演示文稿设置旋转动画效果。

4．为演示文稿插入页脚，内容为"无锡"。

【考查目的】用 PowerPoint 模板制作演示文稿并对文稿进行"动画效果"设置等。

【要点分析】本题要点为 PowerPoint 的基本操作。

【操作的关键步骤】

（1）熟悉 PowerPoint 的基本操作。

（2）应用"开始"菜单下的"字体"命令设置字体、字号等。

（3）应用"动画"菜单下的"动画"命令进行动画设置。

（4）应用"插入"菜单下的"页脚和页肩"命令插入页脚。

32.4　典型案例4

利用以下资料，用 PowerPoint 创意制作演示文稿。按照题目要求完成后，用 PowerPoint 的保存功能直接存盘。

冬日的绰尔河畔

绰尔河畔，空气中的湿气遇到冰冷的草木便凝结其上，形成美丽的雾凇景观。湿气结成冰晶在空气中飘浮，再遇晨光照射，形成冬日里难得一见的彩虹景观。雾凇遇彩虹，让冬日更显迷人。

要求：

1. 标题设置为40磅、楷体、黑色、居中。
2. 正文内容设置为24磅、宋体、黑色。
3. 演示文稿设置飞入动画效果。
4. 为演示文稿页脚插入日期。

【考查目的】用 PowerPoint 模板制作演示文稿并对文稿进行"插入动画""动画效果"和"配色方案"设置等。

【要点分析】本题要点为 PowerPoint 的基本操作。

【操作的关键步骤】

（1）熟悉 PowerPoint 的基本操作。
（2）应用"格式"菜单下的"字体"命令设置字体、颜色、字号等。
（3）应用"幻灯片放映"菜单下的"动画"命令进行动画设置。
（4）应用"插入"菜单下的"日期和时间"命令插入日期。

32.5　典型案例5

资料1：中国载人航天工程办公室发布新任务标识。

资料2：中国载人航天工程办公室发布2024年度天舟七号飞行任务、天舟八号飞行任务、神舟十八号载人飞行任务、神舟十九号载人飞行任务四次飞行任务标识。星河无际，梦亦无边；逐梦天宫，有你见证。预祝后续发射任务圆满成功！

要求：

1. 第1页演示文稿用资料1的内容。
2. 第2页演示文稿用资料2的内容。
3. 演示文稿的模板、版式、图片、配色方案、动画方案等自行选择。
4. 为演示文稿设置每5秒钟循环自动切换幻灯片放映方式。

【要点分析】本题要点为 PowerPoint 的基本操作。

【操作的关键步骤】

（1）熟悉 PowerPoint 的基本操作。

（2）应用"插入"菜单下的"图片"命令插入图片。

（3）应用"幻灯片放映"菜单下的"动画"命令进行动画设置。

（4）应用"幻灯片放映"菜单下的"排练计时"功能进行每5秒钟循环自动切换幻灯片放映方式设置。

（5）应用"幻灯片放映"菜单下的"观看放映"命令查看演示文稿的整体效果。